Das andere Gefühl
Eifersucht

Das andere Gefühl
Eifersucht

herausgegeben und verlegt von Gudula Lorez

Satz: Maschinensetzerei Peter von Maikowski, Berlin
Druck und Bindung: Kösel, Kempten

ISBN 3-922391-03-6

An alle Frauen!

eifersüchtige, zornige, mordlustige, hemmungslose,
gierige, besessene, launische, verlassene,
kratzbürstige, tükische, unversöhnliche

schickt

Träume, Phantasien, Geschichten, Gelüste,
auf daß ein Buch entstehe über Eifersucht.

Aus den zahlreichen Einsendungen ist es nun entstanden, DAS ANDERE GEFÜHL. Es ist das Buch aller Frauen, die den Aufruf beantwortet haben.

Gudula Lorez

Sabine Waldhubel

Guten Morgen, Eifersucht

Guten Morgen – EIFERSUCHT –
oh ja, ich spür Dich, brauchst gar nicht so zaghaft in mir aufsteigen, ich hab das Kriegsbeil schon ausgegraben!
HEUTE, heute werde ich Dich verspeisen –
ja ja Du hast richtig gehört –
ich mache aus Dir ein Frühstücksei und
EIN FÜR ALLEMAL BIST DU BESIEGT!
Mensch wie gut ich mich fühl –
Sieh nur her, wie das Wasser brodelt –
ich putz Dir sogar den Löffel blank, damit Du einen schönen Abgang hast –
5 Minuten Ei – ich stehe ja so auf Dir –
Warte – damit Du mir nicht die Show vermasselst und im Wasser schon zerplatzt
piekse ich Dich noch ein bißchen an – na hat's weh getan?
ab mit Dir ins Wasser, Du brauchst Dich gar nicht so zu wehren –
nur noch zwei Minuten – dann schrecke ich Dich ab,
aber freu Dich nicht zu früh – Deine Zeit ist abgelaufen!
So jetzt die kalte Dusche –
ach Eifersucht – wie Du so vor mir stehst –
Du mit Deinem Stolz und Deiner ekligen glatten Schale.
Siehst Du das Messer? – Kurz und schmerzlos –
zack und schon bist Du einen Kopf kürzer – hör auf zu jammern –
ich sagte Dir doch – HEUTE – besieg ich Dich!
Hier zur Beruhigung etwas Salz – wird Dir gut tun
hm wie Du schmeckst – ich liebe Dich!
Nun ist nur noch Deine Schale übriggeblieben – guck mich nicht so an –
okay – wie Du willst. Spürst Du meinen Daumen, ja? Wie er Dich zermalmt!
Sei ruhig, nichts hilft mehr, auch nicht Dein letztes Röcheln …
Schnell weg mit Dir, mit dem was noch von Dir übrig ist –
ab in den Mülleimer, Deckel zu!!

Es geht mir gut – es geht mir saugut – ICH HABE DICH BESIEGT!
Ich räkle mich und blicke aus dem Fenster, plötzlich bleibt mein Blick an der Fensterbank haften – NEIN – was entdecke ich da? die Brüder und Schwestern meiner Eifersucht –
hämisch grinsen sie mich an, stolz und edel sind sie im Karton aufgereiht –
Ich werde wütend, renne zur Fensterbank und schreie –
WARTE DU BLÖDE EIFERSUCHT ICH KRIEG DICH SCHON!
heute abend mach ich aus Dir Rührei, morgen Spiegelei und –
und –
übermorgen –
KLATSCHE ICH DICH AN DIE WAND!

Friederike R.

Blues für einen Bläser, ein Piano und ein Maschinengewehr

1

Mein Mann ist weg. Einfach weg. Seine Klamotten sind hier – dreckige, saubere. Manchmal kommt er zum Wechseln. Dreckige läßt er hier, saubere nimmt er mit. Und dann geht er. Er tut's für unsere Zukunft oder für seine. S. ist seine ganz große Chance, sagt er. Vielleicht die letzte, sagt er auch.
Sie ist der Boß; sie hat die Knete. Richtig Knete. 'ne Wohnung in Wilmersdorf oder Grunewald, 'n Sportwagen und noch einen für 65 000 Mark, der wird hier gar nicht zugelassen. Ihr Mann hat drei Autos. Was tut ein einzelner Mensch mit *drei* Autos? Fragt mein Mann. Es ist eine respektable, alte Familie, mit mehreren Geschäften, hat er erzählt, mein Mann. Und ihr Mann geht fremd und sie ist so unglücklich. Kannste mal sehen, die einzige bin ich wohl nicht. Nun hält er ihre Hand und sie läßt ihn seine Depressionen in ihrem Arm ausschlafen. Ist das nicht nett?
Und ich, was hab ich? Naja, erst mal wohl die dreckige Wäsche. Und die fünf Kinder. Einer dufter als der andere – eine astreiner als die andere. Wir sechs stehn zusammen. Wir waren ja auch immer zusammen. Und er immer draußen, ackern. Und dann hab ich noch Kindergeld und Wohngeld und ein bißchen Sozi und ein bißchen Bafög und die Miete zu zahlen und Bewag und Gasag und Telefon und Versicherung und Raten für Klamotten (Scheiße! Der »o-Tarif« ist gestrichen. Scheiße! Die Bewag und Gasag sind teurer. Scheiße! Das Fressen ist auch teurer. Und dreimal verfluchte Scheiße! Die Hunde haben mir das Sozi gekürzt, haben das Kindergeld gekürzt! Sparmaßnahmen, heißt das! Sparen aus meinem Portemonnaie! Soll'n mal bei sich selber anfangen!) Aber von dem Kummer, dem Blues darf ich nichts sagen, sonst bekommt er seine Depressionen, mein Mann. Und dann haut er ab. Zu ihr. So wie jetzt.
Jetzt: Horch mal! Die Tür geht! Die Tür! Da kommt er. Mein Gott, er kommt. Vielleicht hat er sich eingekriegt, vielleicht ist wieder alles o. k. Vielleicht bleibt er da, jetzt. Nur

nichts sagen, es könnte falsch sein. Nur nicht weinen, nur nicht schreien. Ganz ruhig. Ganz geduldig. Immer schön cool bleiben. Du mußt ihm Zeit lassen, es geht ihm schlecht. Geduldig sein, sonst treibst du ihn ihr ja in die Arme.

Was macht er denn da? Die schmutzige Wäsche ins Bad? Die saubere – zum Wechseln – in seine Tasche? Aber ich muß doch was sagen! Ich muß doch! Sonst denkt er doch, es ist mir egal! »Du, bitte, sag, was ist denn? Gehst du wieder? Was wird denn aus mir? Willst du mich denn nicht mehr? Sag doch was, bitte!« – »Du mußt mir Zeit lassen, ich habe Depressionen, ich muß meinen Frieden haben.« – »Ja – ist gut . . .« –

Er geht ans Telefon. Ja! Ja, er telefoniert mit ihr. Er kommt gleich, sagt er. Sein Feuerzeug. Ich nehme es, will eine rauchen, ruhig bleiben, kultiviert, die Hände zittern. Na und? – Das Feuerzeug! »Liebe ist aufregend schön«, steht da drauf. So, Liebe ist aufregend schön! So. Er geht! Die Vase! Die große Vase, in meiner Hand – auf seinem Kopf! Zerplatzt. Scherben fliegen. Er fällt, liegt da. Ich zerre ihn ins Bett. Binde ihn fest. Mit der Wäscheleine. Wo kommt die her? Und das Messer, das große Fleischmesser. In meiner Hand. Die Hosen reiße ich herunter, mit einem Schnitt: Pimmel ab! Seinen Pimmel – den »Goldenen«, wie Bella ihn nannte. (Woher weiß sie von . . .) Nicht mehr: Auch meiner. Ihrer. Sie will ja nur sein Bestes. Soll sie haben. In Geschenkpapier mit Herzen; mit 'ner Schleife drum. Nach der Adresse suchen, in seiner Tasche. So, Taxi rufen.

Da! Die Haustür. Hab ich bezahlt? Die Wohnung. Klingeln. »Ist Aida da? Oh, Sie sind es selbst?« Ja. So. »Ich habe ein Geschenk für Sie. Bitte schön! Sie wollten es unbedingt haben, es gehört Ihnen. Da, nehmen Sie es. Bitte!« Umdrehen. Gehen.

Gehen. Gehen. Gehen. Komisch, mir laufen ja die Tränen übers Gesicht! Mein Hals ist naß. Nanu? Schon: »Lalülala«? Schon für mich? – Ach, meine armen Kinder!

II

Also: Es ist so, die Kinder sind ihm zuviel. Einfach zuviel. Gut. Soll er haben. Soll er keine haben. Und seine Ruhe. Kann er die Gräber auf'm Friedhof begießen.
Ich muß es wahr machen. Ich muß es schaffen. Diesmal muß ich es schaffen. Gleich am Abend. Alles wird sein wie immer. Ganz normal. Baden. Alle miteinander. Essen. Noch was trinken, bißchen Schlafmittel rein.
So, und jetzt muß ich allen Mut zusammennehmen und das scharfe Messer in die Hand und ihnen die Kehle durchschneiden und nicht schlapp machen. Und dann? Wenn er dann kommt, werde ich ihm sagen: »Sieh mal, du wirst jetzt immer deine Ruhe haben. Und 'ne Menge Geld sparen. Sie essen nichts mehr. Sie brauchen nichts mehr zum Anziehen und nichts zum Spielen, sie wachsen nicht mehr und machen nichts kaputt. Ist's nun gut? Bist du nun zufrieden? Den Schock gönne ich ihm! Das Entsetzen. Den Schmerz. Würde ich gerne sehen.
Scheiße! Was stehe ich mit dem Mesesr hier rum? Bin ich bekloppt?! Denkste wirklich, ich murkse meine Kinder ab? Wegen dem Scheißkerl? Nee! Im Leben nicht! Kein Schlafpulver! Kein Messer! Kein Hackebeil! Ich bin ja schon vom Wahn umfächelt – aber so denn doch noch nicht!
Leben sollen sie, die Kinder! Gesund sein. Krach machen. Geld kosten. Scheiß was drauf! Und toll auf den Rummel gehen wir: die Kinder und ich. Meine guten, lieben, süßen, lauten, nervigen Kinder! Sie sollen leben! Lange und fröhlich leben. Soll der Alte doch abhaun! Scheiß was auf ihn!

III

Also, eigentlich ist das Problem Geld. Einfach Geld. Das ist es. Sie hat's, ich hab's nicht. Das ist der Unterschied. Er braucht's. Ohne kann er nicht. Nicht länger leben, nicht länger er selber sein. Sich selber schaffen kann er's nicht. Zu schwach ist er. Und: »Die Verhältnisse sind nicht so . . .« Mit 'ner Frau und fünf Kindern. Und arbeiten tut die Frau auch nicht. Ist es denn die Möglichkeit!? So unverschämt sein, mithelfen – mitarbeiten abzulehnen? Einfach so?
Wie ist er doch enttäuscht. Ganz allein gelassen mit der Scheiße. Jeden Morgen um halb sieben aufstehen und zur Maloche. Muß er. Und die Alte macht sich 'nen feinen Tag. Mit allen Dingen, die ihr Spaß machen: Demo und Kinderladen, Sitzung und Aktion, Kinderladen und Aktion, Sitzung und Demo, Sitzung und Demo, Demo und Aktion, Sitzung und Kinderladen. Zwischendurch: Mit den Kindern in den Park, mit den Kindern ins Kino, mit den Kindern schwimmen, mit den Kindern sonstwas. Und abends noch singen am Bett. Gerade noch kochen und waschen, manchmal bißchen aufräumen. Das ist alles. Schönes Leben. Mit Maloche geht nichts. Gar nichts. Bist du zu müde. Müde für Politik, müde für Aktion, müde sogar für Spaß. Gar nichts geht mehr.
Neu verlieben, in 'ne reiche Frau und ohne Kinder, das bringt's. Das läuft so ab, bei ihm. Denk ich. Muß ja wohl. Also, noch mal und ganz ruhig: Es ist ja nur unsere Armut. Ich muß einfach Geld machen. Dann kommt er wieder. So einfach ist das. Vielleicht ist sie potthäßlich oder wunderwunderschön. Ganz egal. Spielt keine Violine. Ganz Wurscht. Er liebt nämlich sowieso nur Charakter, mein Mann, guten, versteht sich.
Und woran erkennt man guten Charakter? Och, ganz einfach: Der schlägt sich nieder in Knete. Knete, die in seine Tasche fließt. Von der Sorte Charakter muß ich haben. Das ist alles. Ganz einfach. Und wenn ich will, krieg ich auch. Kann ich auch. Längst. »You can get it, if you really want –

but you must try! Try and try. Try and try ...« Warte, mein Freund! Bald hast du mehr Knete, als dir lieb ist. Du sollst in Knete ersticken! Hauptsache, er kann schnell genug rennen. Das wird er nämlich müssen. Dem besorge ich Knete! Soll er sehen. Soll er sehen, wie er's anstellt, sie auch zu behalten!

Wichtig zuerst einmal ist die Maske. Also: Perücke, blond. Sonnenbrille. Rotes Halstuch. Trenchcoat. Stöckelschuhe. Plastiktüten, drei bis vier. Gaspistole. Ist auch wichtig. Gut. Weiter. Nun meine Partnerin, auf die baue ich. Wie auf Fels. Todsicher.

Paß gut auf, Minimaus, Mamas liebes Kind: Wir brauchen Geld. Das holen wir von der Bank. Aber ohne Scheck, mit Pistole. Du gehst rein. Dann komm ich, aber verkleidet. Ich schnapp dich. Und halte dir die Pistole an den Kopf, schrei ganz laut: »Geld her! Aber dalli!« Du mußt weinen! Die müssen mir dann die Knete in die Plastiktüten füllen. Und wir gehn raus. Ganz langsam. Draußen nehmen wir ein Taxi. An irgendnem Kaufhaus spring ich raus und verschwinde.

Nun bist du dran. Paß gut auf, es ist wichtig, daß du alles genauso machst, wie ich sage. Sonst schnappen sie mich und ich geh in den Knast. Ganz lange. Dann sind wir aber angeschissen. Keine Angst, es ist nicht schwer. Du brauchst bloß zu weinen und zu jammern: Ich will nach Hause! Ich will zu Mama! Das ist alles. Nur nichts weiter sagen. Der Taxifahrer bringt dich dann zu den Bullen. Da machst du so weiter. Und paß mal auf, spätestens heute abend bist du wieder bei mir. Ich hol dich ab, oder du wirst zu uns gebracht. Nur du darfst nicht sagen, wie du heißt, wo du wohnst oder so was. Den Rest mach ich dann.

Nämlich: Wenn ich ausgestiegen bin, am Kaufhaus, wo ganz viele Leute sind, verschwinde ich im Gewühl. Irgendwo schmeiß ich die Klamotten weg – den ganzen Schrott. Turnschuhe habe ich in der Hosentasche, die Jeans, unter'm Mantel, krempel ich runter. Einen Rucksack habe ich auch kleingefaltet unter'm Mantel. Da mache ich den Zaster rein, kauf

ein paar Klamotten und tu sie oben drauf. In Turnschuhen, Jeans, T-Shirt und Rucksack sehe ich wie ein Tramper aus. Mantel, Perücke, Sonnenbrille, Halstuch, Stöckelschuhe – alles weggeschmissen.
Nun kann ich rausgehen, nehm mir ein Taxi, fahr zu seiner Arbeit, laß ihn rausholen, drück ihm die Scheißknete in die Hand, sag, woher der Segen ist. Und dann ab mit 'nem Taxi nach Hause. Nun kann ich dich vermißt melden. Sie werden sagen, daß sie tatsächlich ein herrenloses, kleines Mädchen bei sich haben. Und im Handumdrehen komm ich und kann mein armes, liebes Herz glückselig und tränenüberströmt in die Arme nehmen. Fertig.
Er kann sich ja dann mit der Knete amüsieren. Mal sehen, ob wir ihn dann noch mal wiedersehen. Vielleicht braucht er dann seine reiche Lady nicht mehr. Dann soll die doch mal weinen.

IV

Es ist demütigend. So demütigend. Belogen werden. Kein Wort glauben dürfen. Er kommt, sagt er, um 11.00, um 1.00 ist er nicht da. Wieder bei ihr ist er. In ihrem Bett. Erzählt mir immerfort von ihrer Wohlanständigkeit, der feinen Familie. So. Feine Familie! Edler Charakter. Dabei weiß ich längst, sie hat 'nen Edelpuff. Und 'ne Peep-Show. So macht man Geld. Nur so geht's.
Und ich sollte allen Ernstes arbeiten in ihrem Hotel. Er übernimmt die Disco und ich bedien die Herren. Ich bin zwar schon ein bißchen abgetakelt, aber im Dustern geh ich gut für 20 durch. Und über meine Qualitäten im Bett ist er ja bestens orientiert.
Wollte er mich tatsächlich in 'nen Puff schleppen!? Bin ich wahnsinnig oder was? Wo bleibt er bloß? Ach der tut längst vögeln mit ihr. Warum sagt er denn bloß, er kommt? Soll er doch gehn, wenn er partout will. Und dableiben, daß ich mal Frieden kriege im Kopf. Oder spinn ich mir am Ende alles zusammen. Ist etwa gar nichts? Oder alles ganz anders? Bin ich am Verrücktwerden? Komme ich wieder in die Klapse? Nun wieder – nach acht Jahren? Manisch-depressiv, hat die alte Kuh gesagt. Die Frau Professor. Kapazität. Hatte sie denn recht? Hab ich mich umsonst gewehrt? Was denn, wenn alles, alles meinem Hirn entspringt? Halluzinationen. Macht mich wahnsinnig. Ich kann nicht mehr.
Ich ruf einfach mal an. »Hallo? Kann ich Paul sprechen?« »Augenblick.« Dauert was. »Ja?« »Wenn du nicht kommst, bring ich mich um.« »Bin gleich da.«
Er kommt. Er kommt wirklich. Reden – miteinander. Nein, er hat nichts mit ihr, just business. Mit mir aber hat er's, lieb und schön. Nächsten morgen geht er nicht zur Arbeit. Er will 'nen Kredit aufnehmen. Ich soll unterschreiben, deshalb muß ich mitgehen. Aber es klappt nicht. Sie geben uns nichts. Wir sind zu arm und haben zuviele Kinder.
Auf'm Heimweg sagt er, ich wär schuld. Wenn ich schon vor

drei Monaten angefangen hätte zu arbeiten, dann hätten wir ... Aber wie denn? Zum Geier! Die Kinder haben Ferien. Die Kinder waren im Krankenhaus. Wie denn soll ich arbeiten? Wie denn nur? Ach, das interesisert nicht weiter. Wie ich das alles auf die Reihe bringe – meine Sache. Hauptsache, es funktioniert – ich funktioniere.
Nachts wieder miteinander. Liebe machen. Anal. Er ist nicht lieb, nicht vorsichtig – kein Stück. Ich schreie vor Schmerz. Er tut mir weh – will mir weh tun. Lacht mich aus, hinterher.
Und ich? Ich bleibe lieb und nett und pflegeleicht. So gut ich kann. Aber immer reicht es nicht. Ist nie genug. Und dabei wünsch ich mir so sehr, daß er bleibt. Er soll wieder gut sein mit mir. Mir zuliebe seine Pläne und sie aufgeben. Wir schaffen es doch auch alleine. Geld herschaffen, Instrumente kaufen. Wenn wir nur zusammenhalten. Wie zwei richtige Kumpel. Auch wenn's länger dauert, das wiegt doch all die Knete nicht auf. Unsere Liebe, unser Vertrauen zueinander, setzt er die wirklich einfach gegen die Knete ein?
Ich krieg einen Hausfrauenkredit, für ihn. Ich geb ihm alles. Auch meine letzten 500,– vom Konto. Die Instrumente aus dem Sonderangebot sind jetzt seine.
Wir schlafen miteinander. Auf seine Weise. Dann kommt der Donnerstag. Da ist er zu müde. Muß schlafen. Na gut. Freitag. Ich komme nach Hause. Er ist nicht da. Bloß ein Zettel: Bin übers Wochenende weg. Bis Montag. Kuß. Paul.
Scheiß auf den Kuß. Ich kann nicht mehr. Er wollte ja doch bloß das Geld, die Instrumente – nicht mich, nicht meine Liebe. Ist ihm gar nicht wichtig. Kriegt er ja an jeder Ecke. So 'ne blöde Kuh wie mich.
Schlaftabletten kaufen. In dieser und jener und noch 'ner Nachtapotheke. »Nein, bitte die stärkeren. Meine Oma ist an die gewöhnt.«
Schlaftabletten auflösen. In Whisky. Heißwasser in die Badewanne. Runtertrinken – den Pennwhisky. Rasierklinge her. Pulsaufschneiden – wirklich.
Ans Telefon. »Bitte, Paul.« Warten. »Hi, Paul. Die Puls-

adern sind auf, 30 Schlaftabletten geschluckt. Besser du findest mich – nicht die Kinder.« Klick. Aufgelegt. So. Fertig. Nun in die Wanne. Ich freu mich drauf. Ach, wie schön. Schön warm, beruhigend. Ende.
Grelles Licht. Weißer Saal. Wachwerden. An meinem Bett die Kinder. Meine Kinder! »Habt ihr mich gefunden?« »Hmh. Nein, Paul war nicht da. Ach, Mama, wir haben ja so Angst um dich gehabt. Mama, Mama. Das mußt du nicht machen. Du hast doch uns!« Meine Kinder! Meine Kinder haben mich gefunden. Und alles richtig gemacht. Krankenwagen, alles. Ganz richtig. Und ich lebe noch. Er war nicht da. Wird nicht kommen. Nie mehr. Macht nichts.

V

Meine Güte! Meine Güte! Ist ja Wahnsinn. Ausgerechnet jetzt im Lotto zu gewinnen. Ausgerechnet jetzt. Oh, Gott, lieber Gott, ich danke dir! Richtig gewonnen – richtig reich. Da setzte dich nieder. Ich kann praktisch meinen Mann zurückkaufen. Eine und 'ne halbe Million, das reicht gewiß.
Was mach ich nun? Schenk ich ihm 'nen Jaguar? Lad ich ihn zu Champagner und Lachs ins Ambassador (oder so?)? Soll ich ihm mal locker 100 000,– Emm auf sein armseliges Konto überweisen?
Und sie? Wird schön blöd gucken, wenn er bei ihr wegbleibt, weil er sie nicht mehr nötig hat. Toll, nicht wahr? Was 'ne Frau doch so für unbegrenzte Möglichkeiten hat, mit 'nem bißchen Kleingeld in der Tasche. Kaum zu glauben.
Ach, ich denk ja gar nicht daran! Laß ihn sich man abstrampeln! Laß ihn man schön katzbuckeln für das bißchen Knete von ihr. Und wenn sie 'nen Macker braucht, der ihr Geld liebt, bitteschön. Jeder wie er will. Kann ich doch nix zu. Ich werd schön die Schnauze halten. Und mein Geld für mich. Irgendwie muß man Knete anlegen. Und dann kommt jeden Monat, was ich so brauche. 'ne heimliche Wohnung will ich mir nehmen. Soll er doch auf der Drecksneubaubude sitzen! Ich pfeif ab. Aber erst offiziell, wenn er weg ist. Laß ihn man abhaun nach A. Immer los! Dann machen die Kinder und ich uns 'nen schönen Tag. Sorgen haben wir dann keine. Bloß noch er hat welche. Immer lassen. Weg mit Schaden! So schmeißt sie wohl auch nicht mit der Knete, daß sie ihm die Tausender höchstpersönlich in den Arsch schiebt.
Wer weiß, vielleicht landet er sowieso satt auf der Schnauze. Ist seine. Nicht meine. Wie sagt er immer? »Taten bedeuten mehr als Worte.« Nun, seine »Taten« sprechen tatsächlich für sich, zumal seine Stimme sich ohnehin nie überanstrengt hat. Außerdem sagt er immer noch so gerne: »Gib 'nem Dummkopf 'ne lange Leine, er hängt sich selbst.« Nun gut. Ich hab

sie ihm gelassen, die lange Leine, aufhängen tut er sich schon selbst. Ist ja eifrig dabei.
Na ja, vielleicht besuch ich ihn mal in A. Aufgedonnert wie die Gräfin Mitzelpitz. Sein blödes Gesicht möcht ich sehn!
Aber das ist mir vielleicht nicht mehr wichtig, wenn er endlich abgehaun ist und meine Wunden verheilt sind, und er kann sie nicht mehr aufreißen, hat keine Macht mehr über mich. Dann ist's mir wohl wurscht, völlig wurscht, ob und wie er mich sieht.

Christiane Binder-Gasper

Die Kopfblume

Von Christiane Binder-Gasper erschien 1980
der Gedichtband *Rot und Tauben*
Edition Neue Wege, Berlin

Die Verwandlung war geglückt.
Als sie am Morgen in den Spiegel sah, trug sie den Blütenkopf. Eine violettrote Aster entfaltete sich auf ihren Schultern. Ihre Augen waren zu einer großen gelben Fläche zusammengeschmolzen, Augen gelb und frei im franseligen Rot, ein gelber uneingezäunter Platz mitten im Asterngesicht.
Der Schaffner wollte sie nicht in die Straßenbahn einsteigen lassen, er sagte, Sie sind zu schön, zu zerbrechlich, die Leute werden Ihren Kopf zerknittern, einreißen. Ich werde achtgeben, bitte, sagte sie, und er gestattete ihr, seine Ecke zu nehmen, hielt mit seinem Rücken die drängenden, stoßenden Körper von ihrem Kopf ab. So stieg sie unversehrt am Ziel aus, bedankte sich mit einem Lächeln, ging über die Straße. Plötzlich stoppten die Autos, jemand hob seine Hand, machte eine Faust, schüttelte zwei Fäuste. Warum droht er mir, dachte sie, da sagte der junge Polizist neben ihr, Sie sind ein Verkehrshindernis, nehmen Sie ein Tuch über Ihren Kopf, ich will in meinem Bezirk keine Unfälle.
Sie stieg die Stufen zum Bürohaus hinauf, ging am Pförtner vorbei, er hob den Kopf, grüßte nicht, rief hinter ihr her, eh, eh, wohin wollen Sie, kommen Sie zurück, ich muß Sie erst anmelden, eh, eh, Sie da! Aber Veilchen, sagte sie, erkennen Sie mich nicht? Mein Gott, rief er, wie sehen Sie aus, Kind, Kind, einen Blütenkopf, einen Blütenkopf, mein Gott, Kind, wer hat das gemacht. Aber, sagte sie, aber ich habe mir doch einen solchen Kopf gewünscht, finden Sie ihn nicht schön. Doch, doch, Kind, sagte der Pförtner. Sie stieg die Stufen hinauf, drückte die Türe zum Vorzimmer auf, ging hinein. Die Sekretärin eins und die Sekretärin zwei saßen schon an ihren Schreibtischen. Guten Morgen, sagte sie, ich habe mit Veilchen gesprochen, ich hatte ein kurzes Gespräch mit Veilchen. Die Sekretärinnen antworteten nicht. Sie hing den Mantel in den Schrank, legte vor dem Spiegel ihre Blütenblätter zurecht, kam hinter der Schranktüre hervor, drückte sie zu. Die Sekretärin eins und die Sekretärin zwei saßen noch immer da und sagten nichts. Ist was, fragte sie nun, ist was.

Endlich hoben die Sekretärinnen den Kopf, sagten gleichzeitig, wie sehen Sie aus. Gefällt es Ihnen nicht, rief sie zurück. Doch, doch, sagten die Sekretärinnen, doch, doch.
Sie setzte sich an die Schreibmaschine. Der Schreibtisch stand am Fenster. Durch einen Lindenbaum fiel die Sonne an das Glas, durch das Glas schien sie auf ihren Kopf, von ihrem Kopf fiel sie auf ihre Hände. Sie tippte Briefe.
Die Sekretärinnen sprachen nicht. Es blieb still im Raum, nur Papiergeräusche und das tack, tack, tack der Schreibmaschinen.
Sie sind neidisch, dachte sie, nur neidisch. Bevor es Mittag wurde, nahm sie die getippten Briefe, legte sie in die Mappe und ging zum Chef. Als sie in der Türe des Chefzimmers stand, hörte sie Sekretärin eins murmeln, dieses schreckliche Rotviolett, dieses zerfranste Gesicht, rot steht ihr nicht. Das Rot steht ihr nicht, anwortete Sekretärin zwei, und dann dieser gelbe Platz in ihrem Gesicht, dieser Augenplatz in gelb, schlimm, es ist schlimm mit ihr.
Der Chef hatte ihren neuen Kopf nicht bemerkt. Sie setzte sich, sah auf die Buchstaben der Schreibmaschine, legte ihre Finger leicht auf, drückte nicht zu, dachte nach, steht mir das Rot oder steht es mir nicht, murmelte entschlossen, Rot ist meine Farbe, und schlug auf die Tasten ein. Als sie zum Mittagessen ging, kam sie wieder beim Pförtner vorbei. Sie stand schon auf der letzten Stufe, hielt die Türe in der Hand, da rief er ihr etwas zu. Sie ging einige Schritte zurück, er kam aus seinem Glasloch, sagte, o Gott Kind, Ihr Blütenkopf ist schon welk, der verträgt die Sonne nicht. Sie rannte die Stufen wieder hinauf, stürzte ins Zimmer, zog die Schranktüre auf, sah in den Spiegel. Veilchen hatte recht, ihr Kopf hatte einen matten durchsichtigen Schimmer bekommen, die Blütenblätter ließen sich an den Rändern gehen, hingen welk auf ihrer Schulter.
Die Sekretärinnen kicherten.
Sie riß die Türe zum Chefzimmer auf, rannte an seinen Schreibtisch. Der Chef sah hoch, sie sagte, ich muß einen an-

deren Schreibtisch haben, hören Sie, einen anderen Schreibtisch. Was regen Sie sich so auf, sagte er, immer diese Aufregungen mit den Sekretärinnen. Gut, wenn es unbedingt ein anderer Schreibtisch sein muß, bitteschön, ab heute sind Sie Sekretärin drei. Aber ich bin doch Sekretärin drei, nur einen anderen Schreibtisch, sagte sie. Ja. Ja. Gehen Sie, rief der Chef. Gehen Sie.

Sie ging hinaus. Die Sekretärinnen kicherten nicht mehr, kamen ihr entgegen, blieben dicht neben ihr stehen. Schrien, was wollen Sie, einen anderen Schreibtisch, da kann man sehen, so sind diese Blumenköpfigen, nehmen ihren Freunden Arbeit und Brot. Einen anderen Schreibtisch will sie, diese drei will eins werden, mit diesem Kopf, diesem Gesicht, diesem kranken Rot.

Sie zuckte zusammen, sagte, aber ich möchte doch nur, möchte nur, kann die Sonne nicht vertragen, mein Blumenkopf welkt, seht ihr, er welkt.

Die Hände der Sekretärinnen fielen auf ihren Kopf in ihr Gesicht, zupften, rissen, zerfetzten die rotviolette Aster, bis nur noch der gelbe Augenplatz stand. Wieder kamen die Hände, hielten jetzt Nagelfeilen und Scheren, stachen zu, zerschnitten.

Ihr Kopf lag verstreut auf dem polierten Parkettboden. Sekretärin eins und Sekretärin zwei traten mit ihren zierlichen Füßen, die in zierlichen Schuhen steckten, auf die Blütenblätter, bis diese nur noch schwarze zusammengerollte Krümel waren.

Die Sekretärinnen kicherten. Der Chef kam aus seinem Zimmer. Legte die Postmappe auf ihren Schreibtisch, das ist wieder die Arbeit einer völlig Kopflosen, sagte er, neu tippen.

Thea W. Lach

Über den »Kongreß der Eifersüchtigen«

Neulich bekam ich das Pamphlet »Eifersucht auf Krankenschein« auf den Tisch.
Das hatte mich neugierig gemacht, und ich ging zum ersten Kongreß der Eifersüchtigen, der in Rauxel tagte und nächtigte. Eifersucht ist – laut Prof. Dr. Dr. Eberholz, der den Verein zur Erforschung und Enttabuisierung der Eifersucht in allen Lebenslagen mitbegründet hat – *die* Volkskrankheit Nummer Eins in den Industriestaaten. Natürlich, betonte der ambitionierte Professor, sei das Problem auch in der 3. Welt anzutreffen, aber dort hätte die Eifersucht zu augenfällige Gründe, die keinesfalls identisch wären mit der Sucht der Menschen in den sogenannten zivilisierten Staaten, dem Nachbarn die Butter auf dem Brot nicht zu gönnen. Das tiefe Schweigen über die Ursachen müsse endlich gebrochen werden; ein selbstverständlicherer Umgang mit der Krankheit sei vonnöten, erst dann könne über etwaige Prophylaxe ernsthaft nachgedacht werden.
Prof. Dr. Dr. Eberholz wies anläßlich des ersten Kongresses seines Vereins besonders auf die Tatsache hin, daß fälschlicherweise immer angenommen werde, Frauen seien in akutem Maß anfällig für Eifersucht. Nach neuesten Erkenntnissen müsse aber davon ausgegangen werden, daß es in erschreckend hohem Maße Männer seien, die von dieser schleichenden und meist lebenslänglichen Virus-Krankheit befallen werden. Man könne da durchaus von epidemischen Ausmaßen sprechen. Männer seien nämlich schlichtweg auf einfach alles eifersüchtig: auf andere Männer, auf Frauen, auf andere Klassen und Rassen, auf die Zahl stationierter Bomben, auf Karrieren, auf die Größe von Bankkonten und die ihres Gliedes im Vergleich zu anderen Männern, auf Gedanken und Errungenschaften, insbesondere wenn sie vom weiblichen Geschlecht kämen, auf Liebe und Freundschaft, auf Brüste und Schönheit weiblicher – potentieller – Eifersuchtsträger, auf sportliche, wirtschaftliche, politische Leistungen, aufs Kinderkriegen usw. usf. Die Aufzählung sei Legion!
Dies sei eine Zeitbombe, betonte Prof. Dr. Dr. Eberholz mit

Nachdruck, die unaufhörlich ticke und zwar richtig ticke. Wenn man wisse, wie Männer hier und heute ihre Probleme lösten, und er klammere sich da keineswegs aus, schloß der Professor seinen Vortrag, müsse man alsbald zur Verhütung schreiten. Er appelliere daher an alle Einsichtigen, offen über die Krankheit zu sprechen und nach geeigneten Therapien zu forschen. Sein Vorschlag, sich ähnlich wie die Anonymen Alkoholiker zu organisieren, fand allerdings wenig Resonanz, da der Teilnehmer/innenkreis – wie sich herausstellte – äußerst vielfältige und gegensätzliche Vorstellungen hatte. Frau Prof. Dr. Dr. Marina Eberholz-Zahn, die ihren Gatten zu seinen Überlegungen überhaupt erst angeregt hatte, meinte etwas spitz, solange Männer chronisch eifersüchtig darauf seien, wer zuerst das rote Knöpfchen drücken dürfe, um damit alle diese Krankheit betreffenden Probleme aus der Welt zu schaffen, so lange müsse die erste Forderung sein: Keine egal-wie-farbigen Knöpfchen mehr; auch die formschönen Hebelchen, die so gut in Männerhände paßten, seien abzuschaffen. Man könnte fast behaupten, sie optimistelte, als sie munter erklärte: Die geschlechts- und schichtenspezifischen Ausformungen hätten dann sowieso keine Nahrung mehr; diese seien auch nicht als Krankheit im üblichen Sinne zu bezeichnen, sondern eigentlich recht gesunde Reaktionen auf mehr als merkwürdige Männer-Spiele, und die Viren würden wie von selbst nach einiger Zeit absterben.
Dies rief den Sonderbeauftragten der Gleichschaltungszentrale für Frauen auf den Plan: Eifersucht sei eine Leidenschaft, die mit Eifer suche, was Leiden schaffe, entrüstete er sich fast quäkend ins Mikrophon und fuhr dann fort, daß es ja gerade die Leidensfähigkeit der Frauen sei, die diese Krankheit so befördert habe, und er schloß mit seinen neuesten, in Wirklichkeit altbackenen Erkenntnissen zur weiblichen Genforschung. Frau Aurora von Tharau, weltbekannte Fotogräfin, konnte nun ihrerseits nicht anders, als ihn anzugiften, daß er wohl auch nichts anderes könne, als Uralt-Kamellen ins Publikum zu schleudern. Mit ihrer bildhaften

Sprache konnte sie einige Sympathisanten gewinnen. Wenn sich hier schon Eifersucht-Experten verbreiten müßten, dann sollten sie lieber ihre eigenen Symptome schildern. Alles andere sei äußerst fragwürdig. Darauf gaben mehr oder weniger namhafte Psychologen ihren Kommentar dazu, der sehr an Hengstenberg-Senf erinnerte. Im Dschungel der Thesen und Theorien verblaßte das Thema zusehends. Deutlich wurde allerdings, daß für viele Eifersucht tatsächlich eine einzige Hölle auf Erden sein muß. Da überraschte es nicht, daß selbst die anwesenden Forscher und Wissenschaftler einander eifersüchtig überwachten und sich so sehr mit weitschweifigen Vorträgen über Ursachen und Wirkungsweisen der Krankheit zu übertreffen suchten, daß ein absolutes Rauchverbot gefordert werden mußte, um dem Dauer-Gähnen des Publikums Einhalt zu gebieten.

Am letzten Tag sorgte dann noch ein Flugblatt, das im Saal kursierte, für einige Aufregung. Es forderte die freie Entfaltung der Eifersucht für alle, und: Keine Diskriminierung notorisch Eifersüchtiger, seien es Frauen, Ausländer/innen, Kinder oder Männer. Die Gruppe, die das Flugblatt verfaßt hatte, forderte darüber hinaus ein unverkrampftes Verhältnis zur Eifersucht und skandierte im Chor:

Füll nicht die Ärzte-Kassen – hab keine Angst vorm Hassen!
Eifersucht mit Maß – warum das?
Eifersucht darf sein – erspart dir manches Zipperlein!
Nicht verdrängen – Eifersucht in Mengen!

In der anschließenden, sehr aufgeheizten Diskussion vertrat die Gruppe die Meinung, es gäbe für beinah jeden Menschen gute Gründe, eifersüchtig zu sein, daher müsse jede/r Eifersuchtsabhängige wenigstens einmal im Leben die Möglichkeit erhalten, dieses ungeheuerliche Gefühl bis zum Exzeß auszukosten. Damit alle gleiche Chancen hätten, müsse der Staat zur Kasse gebeten werden.

Der Kongreß tobte. Man wurde sich nicht einig. Viele Frauen bemängelten, daß sie nicht zu Worte gekommen seien, und zogen sich daraufhin zu einem Champagner-Gelage zurück,

das sozusagen mit Wein, Weib und Gesang bis in die Woche hinein ging. Aus gewöhnlich uninformierten Kreisen hieß es später, sie hätten fröhlich und entspannt darüber geplaudert, welche Mittel einzusetzen seien: die Mangel als weibliche Waffe contra den Mangel als männliche.
Die Mangel. *Der* Mangel. Ich rätsele noch immer. Aber ihr lustvolles Gelächter läßt mich nicht mehr los.

Monica Geyler

Die Wahl der Waffen

Sie ist sicher, ihn heute hier zu treffen.
Ihr Gang ist forsch und schnell, beschäftigt. Kein Sehnen im Blick, keinen Wunsch um den Mund, nur ein Bier zwischen Arbeit und Bett.

Mona liegt tot unter der Brücke.
Der Griff des Messers funkelt als Stern gegen die Nacht.
Die Haarsträhnen zwischen den Armen verstreut, die Fingernägel wie Krallen gegen die eigene Hand, die Beine gespreizt, ein Fuß ragt über die Böschung.

In der Tür bleibt sie stehen.
Zwei Meter nach vorn, drei nach rechts am Tresen, schmal lehnt er da, den Kopf geneigt, sein Lächeln streichelt die Lippen einer Frau.
Mona rettet sich ins Klo.

Ein Berber kommt nähergeschlurft und beugt sich stöhnend herab.
Neugier ist alles, während er eilig die Taschen durchsucht.
Zehn Mark kann er finden, Schlüssel und einen verbogenen Ring.
Wachsam dreht er sich um, ehe er ihr die Schuhe abzieht.
Wenig getragen und gut zu verkaufen, verschwinden sie in seinem Sack.
Mona liegt barfuß unter der Brücke.

Pinkeln und Händewaschen, zwischen den blauen Kacheln rückt sie den Panzer zurecht.
Die Augen verengt, der Bauch ganz flach, so langbeinig wie jetzt ist sie sonst nie.
Mit dem Glas in der Hand schaut sie ihm zu.

Minuten danach kommt ein Mann mit Hund, die Hände in den Manteltaschen verdicken den Bauch.

Er schnauft und rotzt, leise klirrt die Leine um seinen Hals.
Der Hund wühlt hinten bei einem Busch, der Mann stolpert über Monas Bein.
Unverschämt findet er sie, tritt mit dem Fuß nach ihr, er ist gestört.
Fluchend ruft er den Hund und dann die Polizei.
Mona liegt frech unter der Brücke.

Mit dem Glas in der Hand schaut sie ihm zu.
Die Frau läßt sich vom Lachen in seine Richtung biegen, er weicht nicht zurück.
In Decilitern vergeht die Zeit, in frisch geputzten Aschenbechern, er sieht Mona nicht.

Mona unter der Brücke ist fort, und wenn es sie gab, ist die Kreide verwischt.
Morgen sitzt er ihrem Bild gegenüber im Bus.
Doch er sitzt nicht im Bus, er verschläft, nimmt ein Taxi und ruft abends an.

Sie ist sicher, ihn hier zu treffen.
Langsam zieht sie das Messer hervor und hebt den Arm.

Ulrike Edschmid

off limits

Von Ulrike Edschmid erschien 1977
Ich bin ein faules Lenchen – du auch?
bei der Frauenoffensive, München

auf liniertem zettel hatte sie mich in us-college-einheitschrift gewarnt. ich solle nie mehr in die stadt kommen, es sei besser für uns beide, es sei ihre stadt und sie liebe ihn.
ich liebe ihn auch.
ich frühstückte gerade im bett, als an einem strahlenden morgen in berlin die post durch den briefschlitz fiel und bedeutete ihr, unleserlich und mit bleistift auf die rückseite ihrer zeilen gekritzelt, mich in meinen ungestörten morgenstunden mit derartigem zu verschonen.
dann wählte ich passende teile meiner garderobe aus, buchte den flug, warf den brief in den kasten und kam wie geplant.
am ersten tag schien die sonne. ich trug mein lieblingskleid, die gebräunten füße in silbernen sandalen, an meinem oberarm glitzerte ein straßarmband. der warme wind ließ das kleid aus crêpe de chine um meine beine spielen, als wir uns vor dem motorradgeschäft, in dem wir uns nach satteltaschen für eine bevorstehende reise erkundigt hatten, innig umarmten. an der wendung seines kopfes hatte ich den leichten schreck bemerkt. ich konnte gerade noch die mittellangen braunen haare, das weiße t-shirt, eine braune hose und den unvermeidlichen, praktischen kleinen rucksack auf dem rükken erhaschen, schlank und groß. ich hatte mir eigentlich einen von diesen riesigen gesundheitshintern vorgestellt, die hier so ungeniert in kurzen, seitlich geschlitzten sporthosen durch die straßen spazierten. dieser schien schmal und wohlgeformt.
dennoch stieg ich gutgelaunt ins auto.
in der nacht klingelte das telefon in unsere liebe. als ich abnahm, wurde aufgelegt. ich zog den stecker aus der dose.
der morgen war taufrisch. wir frühstückten auf der kleinen terrasse, und ich betrachtete mit wohlwollen den rosa flamingo, den wir gestern vor unser hellgrünes holzhaus auf die rasenfläche zwischen die kugelartig geschnittenen myrtenbäumchen plaziert hatten. die aufsteigende sonne schleckte die tautropfen von seinem plastikgefieder, er stand immer noch auf einem bein.

auf dem weg in die stadt fuhr ich wie zufällig den kleinen umweg an ihrem haus vorbei, als sie gerade im garten herumhackte. das fenster neben mir war offen, und ich drehte die musik lauter. am nächsten morgen war der rosa flamingo vom grünen rasen verschwunden.
am samstag streifte mein blick makellose braune schenkel in schlecht sitzenden abgeschnittenen jeans, als sie im secondhand-laden in eine kiste mit gebrauchtem küchengerät griff. ich steuerte, die hände in pfirsichgelben satinhosen die kleiderstange an und sortierte mit leichter hand eine alte seidenbluse heraus, wobei ich die bügel geräuschvoll aneinander klicken ließ, während sie an der kasse einen fleischwolf bezahlte.
zu hause betrachtete ich unübersehbare spuren von zellulitis und beschloß, die beginnenden grauen haare mit henna zu bearbeiten.
ins »casa rosa« kam sie an einem regnerischen nachmittag in gelber öljacke. ich dehnte das gespräch mit der frau am tresen, die mir einen capuccino zubereitete und offensichtlich ihre freundin war.
sie wählte einen tisch in der nähe und lachte ein wenig zu laut über etwas, was sie in der zeitung las.
am tisch unweit der tür kam mir die noch ungeöffnete post von zu hause zu hilfe, die ich mir fürs café aufgespart hatte. das aufreißen der briefumschläge ratschte in die stille des nahezu leeren raumes bis zum nächsten, vernehmbar gesteigerten lachen. ich zog eine der langen, hier ungewöhnlichen schwarzen zigaretten aus der packung, die man aus der ferne gut und gerne für einen zigarillo halten kann, stellte mit leisem, dennoch unüberhörbaren seufzer fest, daß ich keine streichhölzer bei mir hatte und ging, die unangezündete zigarette nachlässig in der hand mit wiegendem schritt quer durch den raum zum tresen, um mir feuer zu holen. dabei strich ich die haare aus dem gesicht, wobei mein straßohrring sichtbar wurde. im vorbeigehen registrierte ich olivgrüne gummistiefel, deren gelbe sohlen mit der öljacke korrespondierten. ich

steckte die streichhölzer in die tasche meiner weiten schillernden seidenhosen und setzte mich wieder an den tisch, die geöffneten luftpostbriefe neben dem kaffee. in meiner tasche kramte ich nach der brille, las eine seite, setzte sie wieder ab, sah zum fenster raus, als ob es dort eh nichts zu sehen gäbe und von dem ausblick auf eine nordamerikanische kleinstadtstraße auch in zukunft nichts zu erwarten wäre, und wandte mich wieder meiner post aus übersee zu.
bei den anschwellenden gelächterausbrüchen zog ich die augenbrauen nach oben, fuhr mir noch einmal mit der hand durchs haar, warf mein emilio-pucci-jacket über die schulter, lächelte der freundin zu, zahlte und ging.
noch einmal weckte mich das telephon in der nacht. ein schweigen schien sich an meinem verschlafenen »hallo« zu ergötzen. dann knackte es in der leitung.
einige tage später zögerte ich unmerklich, als ich am nachmittag wieder ins »casa rosa« kam und sie durch die glastür mit einem flüchtigen bekannten, a., am tisch sitzen sah. ich hatte ihn kurz zuvor kennengelernt. wir waren über malcolm lowry ins gespräch gekommen, der unweit dieser stadt auf einer kleinen insel die letzte und vierte fassung seines romans »unter dem vulkan« geschrieben hatte. es bestand die möglichkeit, daß er mich arglos an den tisch bitten würde, um das gespräch wieder aufzunehmen. ich stieß die tür entschieden auf, ging direkt zum tresen und bemerkte im vorbeigehen, daß es nur einen einzigen freien tisch gleich neben dem ihren gab. post hatte ich keine bekommen, mein buch zu hause vergessen. der capuccino kam, mit dem löffel hob ich die schaumkrone herunter, als sich a. als rettender engel erwies, da er mich bat, sich einen augenblick zu mir setzen zu dürfen, und mich in eine fortsetzung unseres gesprächs über lowry verwickelte. als wir gerade auf gertrude stein überwechseln wollten, mahnte eine ein wenig schrille stimme meinen gesprächspartner, daß sein kaffee in der gefahr sei, endgültig zu erkalten. ich lächelte verständnisvoll, entließ ihn aus unserer anregenden unterhaltung zum abgestandenen kaffee, erinner-

te mich verächtlich an die essensrufe meiner mutter aus kindertagen, mit denen sie mich unwillig mein spiel unterbrechen hieß, und beendete meinen capuccino bei einer weiteren zigarette.
In der kommenden woche überschritt ich das sperrgebiet und parkte das auto direkt vor dem café, in dem sie vormittags arbeitete und das ich bis dahin gemieden hatte. ich winkte bob zu, dem grauhaarigen trödelhändler von gegenüber, der mich fest an seinen runden bauch drückte und ins innere des ladens zog, um mir seine neuesten schätze zu zeigen.
als ich wieder auf die straße trat, begann das eigelb gerade zu trocknen und in eine intensivere gelbfärbung überzugehen. die glibberige masse zog eine breite schleimige spur über die windschutzscheibe, staute sich an den scheibenwischern und sickerte von da gemächlich unter die motorhaube.
als ich die wagentür öffnete, verfing sich ein dünnes rinnsal ei in meinem haar. im rücken brannten die blicke vom inneren des cafés.
am abend, als sich die sonne der spiegelnden oberfläche des meeres zuneigte und einen warmen rötlichen schimmer über die stadt warf, stand sie an der ampel und wartete mit ihrem kleinen rucksack auf grünes licht. da legte ich meinen arm um den geliebten, und wir entschwanden auf dem motorrad um die kurve in richtung meer.

Gisela Schalk

Gartenarbeiten

»Hast du schon gesehen, die Tomaten sind reif?«
Walters Blick streift Gertrud kurz. Ist etwas in seinen Augen? Sicher ist etwas in seinen Augen.
»Willst du sie nicht reinholen?«
»Später.«
»Warte, ich pflück dir eine.«
»Höchstens für dich selber. Ich mag jetzt keine.«
Er sieht sie mit großen, erstaunten Augen an.
»Aber Gertrud, du weißt doch, ich habe noch nie Tomaten gegessen.«
Gertrud nickt stumm und wünscht sich nur, daß er bald aufhört zu reden. Aber dieser Wunsch wird ihr nicht erfüllt.
»Was ist los mit dir, du bist doch sonst immer so verrückt nach deinen Tomaten gewesen. Und dieses Jahr sind sie besonders prächtig geraten.«
Irgend etwas ist los mit ihm. Sie ist ganz sicher. Er bezweckt etwas mit seinem Gerede. Sonst ist ihm der Garten doch völlig egal.
»Woran mag es liegen, daß sie dieses Jahr so prima aussehen. So gut war das Wetter doch gar nicht?«
»Oh, mein Gott!« Gertrud stöhnt. »Laß mich endlich mit deinem Gartenkram in Ruhe.« Sie hat heute abend beim besten Willen keine Lust, sich über Gemüse zu unterhalten.
»Es ist doch dein Gartenkram, mein Schatz. Keine Frau im ganzen Ort hat einen so fantastischen Gemüsegarten wie du. Und deine Tomaten nehmen noch einmal eine Sonderstellung ein. Kein Wunder aber auch, wo du so hervorragende Bedingungen für sie geschaffen hast.«

Jetzt hat sie endgültig die Nase voll von seinem Geschwätz. Sie fröstelt, zieht die Jacke enger um die Schultern und geht zurück ins Haus. Da war doch wieder etwas in seinen Augen ... In der großen Eßdiele beginnt sie, den Tisch zu dekken. Schwarzbrot, Knäcke, ein paar aufgebackene Brötchen vom Morgen. Etwas frischen Schnittlauch aus dem Gewürzkräuterbeet. »Sieht alles recht appetitlich aus«, denkt sie.

Susi kommt zur Terrassentür rein.
»Guck mal hier!«
Sie fuchtelt mit zwei leuchtend roten Tomaten herum.
»Sind die ersten, nicht wahr? Ich versteh gar nicht, daß du sie nicht schon längst heimlich gegessen hast, Mammi, wie sonst alle Jahre.«
Gertrud hebt abweisend die Hände.
»Komm, tu nicht so.« Susi läßt sich nicht irritieren. »Natürlich hast du jedes Jahr die ersten Tomaten selbst gegessen.« Die Tochter sieht die Mutter verständnisvoll an. »Ist ja auch klar. Wo du doch die ganze Arbeit immer allein tun mußt.« Die Mutter schüttelt gequält den Kopf. »Ist nicht der Rede wert.«

Gertrud holt die Kanne mit Buttermilch aus der Küche, setzt sich auf einen Stuhl und wartet, daß ihre Familie sich zum Essen einfindet. Sie stützt ihren Kopf in die Hand und blickt mit leerem Augenausdruck auf den freundlich gedeckten Tisch. Die zwei Tomaten leuchten ihr entgegen. Sie stöhnt.

Das Klingeln des Telefons reißt sie vom Stuhl hoch, während ihr Mann und die drei Kinder am Tisch Platz nehmen. Sie ist froh, für einen Moment abgelenkt zu sein. Ihre Freundin Brigitte ist am Apparat.
»Stör ich?«
»Nein, im Gegenteil. Was gibt's?«
»Ach, nichts besonderes. Aber sag mal, ist jetzt nicht die richtige Zeit, um mit der Anlage eines Hügelbeetes anzufangen?« Gertrud seufzt. »Nein, jetzt ist es noch ein bißchen früh. Im Herbst, wenn ihr die Stauden und Sträucher runterschneidet und viel welkes Laub im Garten liegt, dann habt ihr das beste Material dafür.«
»Na gut, so genau kommt es mir auch gar nicht darauf an. Dann kann ich dich im Oktober ja noch mal fragen. Ich dachte mir nur, es wäre überhaupt gut, daß ich mal wieder mit dir rede. Du bist so still geworden, in letzter Zeit. Ich frage mich manchmal, wo deine alte Frechheit geblieben ist.«

»So, findest du.« Gertrud malt Dreieck an Dreieck auf den Block, der neben dem Telefon liegt.
»Na klar, seit der Sache damals mit Norbert.«
»Du, meine Familie sitzt unten beim Abendessen, ich muß ...«
»Quatsch mußt du.« Die Stimme der Freundin hämmert energisch gegen ihr Ohr. »Die finden Butter und Brot auch ohne dich. Jetzt bleibst du mal für einen Moment am Telefon. Ich glaube, es wird Zeit, daß wir einmal darüber reden.«
»Wenn du meinst.« Gertrud setzt sich ergeben wieder in den Sessel. Es ist schon egal, wer ihr gerade auf die Nerven geht.
»Die Sache damals mit Norbert«, fängt die Freundin wieder an, »das war ja vom moralischen Standpunkt aus sicher nicht in Ordnung, aber dir hat es enorm gut getan. Habt ihr eigentlich noch Kontakt miteinander?«
»Nein.« Gertrud hat dieses Wort mühsam rausgepreßt.
»Wie, ihr habt euch ganz aus den Augen verloren?«
»Ganz aus den Augen verloren.«
»Irgendwie muß es einmal einen Krach mit deinem Mann gegeben haben, danach kam Norbert wohl nicht mehr. Hast du wenigstens mal versucht, wieder Kontakt mit ihm aufzunehmen?«
»Nein.«
»Was heißt – nein –. Mein Gott, bist du einsilbig. Das alles ist doch schon fast ein Jahr her. Warte mal, ja richtig, du warst gerade dabei, dein Hügelbeet im Garten anzulegen. Erinnerst du dich?«
»Ja.«
»Ich versteh ja, daß das Ganze dir noch an die Nieren geht. Wahnsinnig geschimpft haben wir damals alle, weil du die ganze Arbeit allein machen mußtest. Dein lieber Walter hat keinen Finger krumm gemacht dabei, soweit ich weiß. Ich will die Tomaten doch nicht essen, die sie draufpflanzt, hat er gesagt.«
»Mußt du davon reden, Brigitte? Bitte, mir wäre es lieber, wenn du jetzt aufhören könntest.«
»Nein, das kann ich nicht. Ich glaube, es ist allerhöchste Zeit,

diese Norbert-Geschichte noch einmal zu bereden. Sonst gehst du noch kaputt dran. Du ahnst gar nicht, was für Sorgen wir uns schon gemacht haben.«

»Ich geh nicht kaputt, aber bitte ...« Gertruds Stimme preßt sich gequält in den Telefonhörer.

Doch die Freundin ist entschlossen, das Gespräch nicht abbrechen zu lassen. »Jetzt noch mal von vorn: Morgens, wenn alle weg waren, hat dich dein Herr Weltenbummler besucht. Hat er eigentlich im Männerasyl übernachtet? Ach, entschuldige bitte. Das tut ja auch gar nichts zur Sache. Erst kam er sporadisch, dann öfter, schließlich kam er werktags immer. Du warst aufgekratzt, fröhlich wie schon lange nicht mehr und hattest nur Angst, dein Walter könnte dahinterkommen. Unvorsichtig, wie ihr wart, war das auch kein Kunststück. Ich hab mich ja, ehrlich gesagt, immer gewundert über deinen Leichtsinn, bei Walters Naturell ...«

»Möglich, daß ich leichtsinnig war. Das weiß ich jetzt nicht mehr.«

»Du hast doch früher immer gesagt, daß Walter so eifersüchtig wäre. Rasend eifersüchtig wie ein Spanier.«

»War er auch.«

»Und? Als er es rausgekriegt hatte?«

»Da ist er durchgedreht.«

»Was heißt – durchgedreht –? Plötzlich blieb Norbert weg, und du warst nicht mehr die alte. Habt ihr Schluß gemacht, Norbert und du, weil ihr eingesehen habt, daß das alles doch keinen Sinn hatte?«

»Ja, das heißt – nein. Ach, bitte Brigitte ...« Gertruds Stimme wird fast unhörbar. Sie will den Hörer auflegen, aber die resolute Stimme der Freundin verbietet es ihr förmlich.

»Du bleibst jetzt mal dran und erzählst mir, was vorigen Herbst eigentlich los war. Ich weiß, wir waren alle sauer, als wir dich Äste schleppen sahen und den Rasen umstechen. Und Erde hast du fortwährend von der einen Ecke des Gartens in die andere geschaufelt. Du warst aber sehr fröhlich dabei und hast deine Witzchen gemacht.

»Witzchen?« Gertruds Stimme klingt, als sei das alles Jahrzehnte für sie her.
»Na klar. Du hast uns einen Vortrag über den Aufbau eines Hügelbeetes gehalten. Daß zuunterst grobes Material gehört, wie abgeschnittene Äste und Zweige und am besten etwas, das gärt. Obstabfälle zum Beispiel oder eine böse Schwiegermutter, hast du gesagt.«
»Hör auf bitte, Brigitte, hör auf.« Gertrud hält den Hörer wie hypnotisiert, versucht, ihn vom Ohr fernzuhalten. Es gelingt ihr nicht. Die Freundin redet weiter. »Dann hat eine Schicht grober Kompost zu folgen und dann eine Schicht Humus?«
»Falsch.« Gertrud redet jetzt mechanisch, so als wüßte sie gar nicht, was sie sagt. »Auf den groben Kompost kommt eine Lage Rasenabschnitte, dann mittelgrober Kompost, anschließend mehrere Zentimeter Blätter, darauf Torf, zuletzt dann Humus.«
»Und Norbert hat dir manchmal geholfen dabei.«
»Ja. Am Anfang. Mehr bei den Vorbereitungen.«
»Und als Walter dann dahintergekommen ist?«
Gertrud schweigt eine Weile, wischt sich mit dem Taschentuch über die Stirn, beginnt dann leise zu reden. »Irgendwann, ziemlich schnell wohl, hatte Walter es gemerkt. Wie nicht anders zu erwarten bei ihm, machte er ein fürchterliches Theater.« Ihre Stimme stockt erneut. Aber ihre Freundin läßt keine langen Pausen aufkommen.
»Wie Theater? Hat er euch gedroht?«
»Nicht direkt. Er hat nur angedeutet, daß irgend etwas Fürchterliches passieren würde, wenn ich nicht mit Norbert Schluß machte, endgültig.«
»Du wolltest aber nicht«, vermutet die Freundin.
»Was heißt wollen. Zuerst nicht. Dann schon. Norbert machte aber nicht mit. Er kam trotzdem. Zuerst hat mir das imponiert, dann bekam ich Angst.«
»Ist Walter denn mit seinen Drohungen konkreter geworden?«

»Nein, das nicht. Aber irgendwie fing ich an, mir Sorgen um ihn zu machen. Er hat gar nicht mehr getobt und gedroht, sondern war plötzlich ganz still und merkwürdig. Ich habe Norbert gebeten, angefleht, nicht mehr zu kommen. Ich könnte für nichts garantieren. Ich glaube, ich hatte Angst, Walter würde Selbstmord begehen.«
»Und dann?«
»Dann?« Gertruds Stimme zitterte. »Dann war ich einen Vormittag nicht im Haus. Susanne hatte angerufen, ihr ginge es nicht gut. Du weißt schon, Depressionen. Und da bin ich einfach hingefahren und habe vorher niemandem etwas davon gesagt.« Ihre Stimme verebbt von neuem.
»Und als du wiederkamst?«
»Als ich wiederkam? Ihre Stimme wird mit einem Schlag fest und klar. Ein kleiner Lacher entfährt ihr. »Als ich wiederkam, stand mein Mann fröhlich im Garten, mit aufgekrempelten Ärmeln, sagte, daß er schon den ganzen Vormittag da sei und daß es wohl an der Zeit sei, daß er seinen Beitrag zur Aufschichtung meines Hügelbeetes leiste.« Gertrud schweigt und wischt sich mit dem Ärmel ihrer Sommerbluse über die Stirn.
»Was soll das heißen?«
Die Freundin schweigt.
»Gertrud, Mensch, so rede doch. Irgend was ist doch dann passiert. Warum sagst du denn jetzt nichts mehr?«
Von der anderen Seite der Leitung kommt kein Laut.
»Was war denn nun sein Beitrag zu deinem Hügelbeet? Was soll das heißen? Bitte, sag doch was.«
»Das soll heißen«, Gertruds Stimme ist jetzt ganz klar und akzentuiert, »das heißt, daß ich die Tomaten von meinem Hügelbeet nicht mehr essen kann!«

Elke zur Nieden

Der Hering

Von Elke zur Nieden erscheint im Frühjahr 1984
ein Frauenkrimi im Medea Frauenverlag, Frankfurt

Ein Maitag in den frühen Sechzigern. Die linden Lüfte sind erwacht. Das »Fräuleinwunder« treibt durch die Straßen. Die Rocksäume werden wieder kürzer, und die Mädchen holen ihre Nittribits aus dem Schrank. Du, Unauffällige im grauen Staubmantel, verschwindest im Hintergrund des Bilds. Keine Nittribits zum Herumscharwenzeln, dir bleibt nur noch die Mütterlichkeit, die Arbeitsbiene. Das knappe Geld vom Alten des Freitags einteilen, damit es zum nächsten Donnerstag reicht. Der fette Politiker im Fernsehen spricht vom Maßhalten und hat dabei die dicke Zigarre im Maul. Dir stinkt's. Du kannst nur noch die Fenster aufreißen und den Gestank rauslassen.
Draußen.
Draußen bist du auch. Dann stehst du in diesem schäbigen zugigen Hausflur, sozialer Wohnungsbau aus den frühen Fünfzigern. Gemeinnütziger Wohnungsbau – gemein ja, schäbig, gemein – der Nutzen geht dir ab.
Das Kind ist in der Schule, endlich ist sie weg. Immer fordert sie was von dir. Du bist müde, müde und weit, weit fort. Du bist einundfünfzig, körperlich angeschlagen, deine Seele ist ausgelaugt, rissig geworden, wie die roten Hände – Pril-Seifenlauge. Der Abwasch muß gemacht werden, bring es hinter dich. Für Leere sorgen, ins Uferlose fallen.
Du schließt den Briefkasten auf, ein weißes Couvert, Bütten, handgeschrieben, blaue Tinte, weiche Linien. Kein Behördenschrieb, kein Kopierstift, kein Brief von Tante Herta oder Onkel Adolf. Dieser Brief ist nicht an dich gerichtet, an euch. Herr Werner Kayser, nicht Familie Werner Kayser ist als Adressat angegeben. Dir wird flau, ein Stechen im Unterleib, die Wände schwanken, blaßgelbe Kacheln wie in einer Bedürfnisanstalt, du möchtest deinen Kopf an die Kloschüssel schlagen.
Nichts da. Mechanisch nimmst du das Netz mit den eingewickelten grünen Heringen, die es abends geben soll. Der Mann will was Ordentliches zum Essen. Gebraten werden die, und die ganze Wohnung stinkt dann nach Fisch, daß sich dir der

Magen umdreht, du ißt schon lange nicht mehr richtig – nur lüften tust du, weil du den Gestank nicht aushalten kannst. Heringe für den Mann und Kartoffeln dazu. Er arbeitet körperlich – also darf er sich das alles reinschlingen. Du denkst an den Hof deiner Eltern, es ist Abend, Zeit zum Schweinefüttern.
Du mußt später noch die Kartoffeln aus dem Keller holen. Mechanisch nimmst du das Netz mit den Heringen und den Brief. Noch ist das Kind in der Schule. Du steigst hinauf in die Mietwohnung.
Der Brief, was machst du mit dem Brief.
Du schließt auf, hängst den Staubmantel auf den Bügel, gehst in die Küche, legst den Hering in eine irdene Schüssel, nachdem du ihn aus dem fettigen Papier gewickelt hast. Du stellst die Schüssel in den Speiseschrank mit dem Fliegengitter.
Zusammengesunken hockst du auf dem Küchenstuhl.
Der Brief.
Deine Hände sind noch kälter als gewöhnlich, weiß mit blauen Adern.
Der Brief.
Ein Filmausschnitt fällt dir ein. Die eifersüchtige Frau öffnet einen Brief ihres Mannes über Wasserdampf. Den Gasherd anstellen, den Kopf nicht hineinstecken. Du bist zu müde dazu und zu pflichtbewußt. Da ist noch das Kind, für das es eigentlich keinen Sinn gibt, eine der vielen Zufälligkeiten des Lebens. Der Zufall ist in der Schule. Du darfst nicht vergessen, ihm das Essen aufzuwärmen. Das Kind, jedes Kind hat ein Recht auf sein leibliches Wohlergehen. Aber erst zündest du den Gasherd an, setzt Wasser auf. Wartest, bis es siedet und der Wasserdampf nach oben an die Küchendecke steigt.
Lieber Werner ... die Spaziergänge durch den Habichtsgrund ... ich freue mich so, Dich zu sehen, wenn Du wieder ins Lippische kommst.
Das ist der Sachverhalt. Du hast es geahnt, weil du immer etwas ahnen wolltest. Dir ist das Einordnen nicht fremd, eine Frau, ein Mann, ein Paar –

die Frau wird älter, verliert den Vorzeigewert –
was bleibt, der Gebrauchswert – Arbeitsbiene.
Du denkst ganz mechanisch Flittchen, Hure, Angemalte. Schämst dich deiner Narben, der inneren, der äußeren. Du fühlst dich mißbraucht, benutzt, abgelegt. Eine Frau, der man immer die Pralinen der letzten Saison schenkt. Du wärmst die Reste für das Kind auf. Dabei kommt es dir hoch. Der Poussierstengel, immer der Kaiser sein wollen, der Name verpflichtet. Da ist ja so vieles, was du nicht weißt, nicht wissen willst. Ein Auftrag nach außerhalb. Es gibt nicht viele Stukkateurfirmen, die Kratzputz anfertigen können. Es gibt viele Höfe im Emsland, im Oberpfälzischen und im Lippischen . . .
Eigentlich warst du immer recht froh, wenn er ein paar Tage weg war. Vier Flaschen Bier pro Einkauf weniger zu schleppen, kein warmes Essen am Abend, ein bißchen weniger Gezänk mit dem Kind. Und der wöchentliche Beischlaf reduziert.
Der Brief.
Wieder zukleben. Du paßt auf, daß der Alleskleber nicht verschmiert. Du legst ihn auf die Flurgarderobe. Schweigen.
Du wärmst dem Kind das Essen auf. Nicht mäkeln – ein gutes Mädchen ißt und schweigt.
Du stopfst Socken, diesen Nachmittag, die den Geruch von Terpentinersatz nie verlieren. Heute verfolgt dich etwas, das ist noch stärker als Terpentin, stechend, und es verursacht dir einen Kopfschmerz. Du wirst Socken stopfen diesen Tag. Ein wenig mit dem Kind schimpfen.
Am Abend, am frühen, öffnest du den Schrank mit dem Fliegengitter. Du nimmst die irdene Schale heraus. Heute abend gibt es Hering.
Du bist müde und weit weg. Müde, aber pflichtbewußt. Dennoch kann es geschehen, daß du den Fisch etwas nachlässiger säuberst als gewohnt . . .
Du brauchst ein festes Rückgrat.

Ingun Spiecker-Verscharen

Peer Vers (oder nicht?)

Von Ingun Spiecker-Verscharen erschien 1982
Kindheit und Tod
im Verlag Haag & Herchen, Frankfurt

Er schläft in den Nächten mit Nichten
und geht mit den Hühnern ins Bett
Er schläft in verschiedenen Schichten
und spielt auf Matratzen Quartett

Er ist, wenn die Löcher ihn locken
mitunter schon ziemlich im Streß
Oft machte er sich auf die Socken
und treibt es sogar mit Loch Ness

Er legt sich zuweilen ganz munter
nicht nur auf das eigene Ohr
und ist, geht es drüber und drunter
gern Homo superior

Obwohl das Gefühl untergrabend
gefällt ihm sein Lebensstil sehr
denn ach wie erquickend und labend
ist doch der Banalverkehr

Gisela Jüttner

Spieglein, Spieglein an der Wand

Es war einer dieser leichten, blauen Junitage. Charlotte hatte ein Sommerkleidchen an, mit Puffärmeln und Passe, dazu weiße Söckchen und die schwarzen neuen Lackschuhe. Sie lief durch das kühle Treppenhaus auf die Straße, über den Rasen in den Hinterhof. Es waren noch keine anderen Kinder da, und sie begann, an der Kletterstange zu turnen. Ein wenig später kam ihr Vater herunter, einen Fotoapparat in der Hand. Charlotte strahlte ihm entgegen. Er fing sie auf, als sie von der Stange sprang, und wirbelte sie herum. Charlotte juchzte vor Wonne. Sie war stolz, seine kleine Tochter zu sein, als er die Fotos machte. Bilder von einem kleinen Mädchen mit langen blonden Locken, weichen Armen und Beinen, die Lust machen, durch zärtlichen Biß ein Kreischen und Toben und Spielen auszulösen.
Am nächsten Tag besuchten sie die Großeltern. Aus der Küche war das Zischen des Schnellkochers zu hören und das Klappern von Tellern und Töpfen. Charlotte und ihre Schwester Anne-Christine saßen mit der Mutter in der Stube, und die Mutti erzählte ihnen das Märchen von Schneewittchen und den sieben Zwergen.
Nach dem Essen beim Spazierengehen hörte Charlotte hinter sich ein Kichern und Gniggern: »Ja, ja, Elefantenbeine hat sie. Schau mal, wie sie wackeln, ganz krumm sind sie, dick und krumm.« Ein Stück weiter hinten gingen Anne-Christine und die Mutter und lachten. »Das ist nicht wahr. Ich habe keine Elefantenbeine.« »Doch, guck mal, meine sind ganz grade. Du hast O-Beine. Aber das macht doch nichts, du brauchst doch nicht gleich böse zu werden. Sie sind niedlich, süße kleine Elefantenbeinchen. Doch, ich meine es wirklich, es sieht drollig aus. Es paßt zu dir.« Charlotte schaute zu ihrem Vater hoch. Er sagte nichts dazu, unterhielt sich mit dem Opa, hatte es vielleicht gar nicht gehört. Charlotte löste ihre Hand aus seiner und lief ein Stück vor. Sie versteckte sich hinter einem Baum und schaute zurück. Die anderen unterhielten sich weiter, scherzten und lachten, niemand vermißte sie.

Sie blieben über Nacht bei den Großeltern. Charlotte schlief mit ihrer Schwester in der Kammer zur Straße. Die Straßenlampe schien hell herein, und sie hörte den Hall von Stöckelschuhen auf der leeren Gasse. Töck, töck, töck, töck. Die Schritte kamen erst immer näher und verschwanden dann um die Ecke. Gegenüber ihrem Bett stand der große dunkelbraune Schrank. Langsam, ohne ein Geräusch zu machen, glitt ein Türflügel auf, und in der Innenwand sah Charlotte etwas aufglänzen. Sie tapste auf Zehenspitzen hin und fand sich selbst in einem Spiegel wieder. Ein wunderlicher Spiegel war's, erst groß und rund, dann kleiner, schmaler werdend, mit einem Kranz gebogener schwarzer Wimpern drumherum. Für einen Moment glich er dem Auge ihres Vaters, dann wurde er wieder größer, und Charlotte konnte sich ganz darin sehen. Ein kleines Mädchen mit langen blonden Locken, barfuß mit einem kurzen hellblauen Nachthemd und krummen Beinchen. Schemenhaft dahinter tauchten andere Gestalten auf, ihre Mutter in dem orangenen Sommerkleid mit den schwarzen Pünktchen und Anne-Christine. Sie zeigten ihre geraden Beine und lachten, lachten, lachten. Dann war Charlotte wieder allein. Sie hörte eine Stimme: »Spieglein, Spieglein an der Wand, wer ist die Schönste im ganzen Land?« Aber der Spiegel gab keine Antwort, es war nichts mehr zu sehen.

Charlotte las alle Bücher, die sie zu Hause finden konnte. Bei ihren Großeltern entdeckte sie ein Buch, das ihrer Mutter gehört hatte. Ein Kinderkalender, in rotes Leder gebunden, mit vielen schönen Zeichnungen darin. Charlotte versuchte, so zu sein wie die Kinder in diesem Buch. Sie nahm sich fest vor, niemals in ihrem Leben Stecknadeln in den Mund zu nehmen und von ihrer Schokolade stets noch ein Restchen aufzuheben, damit sie es später der Schwester schenken könne. Niemals Kirschen von einem Abfallhaufen zu essen oder auf einen Stuhl zu klettern, der auf einem Tisch steht.
Kurz vor Weihnachten hörte Charlotte eine Unterhaltung

ihrer Eltern im Nebenzimmer. Die Mutter schlug vor, beiden Mädchen Schlittschuhe zu schenken. Der Vater war dagegen. »Das ist viel zu teuer, sie wachsen so schnell heraus, wie sie auch aus den Schuhen wachsen. Neue Winterstiefel brauchen sie auch schon wieder. Außerdem lernen sie sowieso nicht, Schlittschuhe zu fahren, da sind sie doch zu ungeschickt für.«

In der Schule bekam Charlotte regelmäßig schlechte Zensuren für Handschrift. Ihr Vater gab es auf, mit ihr zu üben, wenngleich er jedesmal, wenn er ihre Schrift sah, eine verächtliche Bemerkung machte.

Es war wieder Schützenfest in der Stadt. Wie jedes Jahr wünschte sich Charlotte ein großes Lebkuchenherz oder einen der riesigen Teddys.

Nur ihre großen Augen und ein leichtes Zögern bei der Losbude verrieten ihre Wünsche. Sie wußte genau, daß ihr Vater für solch unnützes Zeugs kein Geld ausgeben würde. Sie bekam eine Bratwurst und durfte mit ihrer Schwester auf die Geisterbahn und ins Spiegelkabinett. Klein und breit fand sie sich wieder, dann lang und dünn, ohne Kopf oder nur Kopf. Sie war stolz darauf, ohne Hilfe den Ausgang zu finden.

Abends vor dem Einschlafen dachte Charlotte wieder an die Geisterbahn, sie fuhr noch einmal in rasendem Tempo auf den Mann mit dem Messer zu. Aber was war das? Der Wagen bog nicht im letzten Moment ab, sondern fuhr weiter geradeaus, zwischen den Beinen hindurch, immer weiter, immer schneller. Charlotte hielt sich krampfhaft an den Wagenrändern fest. Dann, ganz unerwartet, stoppte der Wagen, und Charlotte fiel in hohem Bogen heraus. Sie rappelte sich auf und schaute herum. Ihr Fahrzeug war verschwunden, sie befand sich in einem kleinen Raum ohne Eingang, die Wände bedeckt mit Spiegeln. In dem Spiegel zu ihrer Rechten schimmerte ein blasser Nebel, der schnell größer wurde und schließlich ihr selbst zu ähneln begann. Ein Wesen in Weiß, groß und ein wenig unförmig, kam es mit freundlichem Lächeln auf sie zu und streckte ihr die Hand entgegen. Charlotte lächelte zurück, wollte die Hand nehmen, das Wesen lebendig und bunt werden sehen. Plötzlich hörte sie ein Flüstern an ihrem Ohr, ganz leise, kaum wahrnehmbar: »Spieglein, Spieglein an der Wand, wer ist die Schönste im ganzen Land?« Fast gleichzeitig damit verschwand das weiße Mädchen, ausgewischt von einem dunklen Schatten, der auf das Bild fiel. Charlotte drehte sich um. Links von sich sah sie einen wunderschönen Spiegel, in seinem Innern ein tiefschwarzer leuchtender Punkt, drumherum glänzendes Braun und an den äußeren Rändern schwarze gebogene Seidenfäden. Der schwarze Punkt wurde größer, und Charlotte sah Bewegung darin, kleine, weit entfernte Gestalten, wohlgeformte Püppchen, die Schlittschuh liefen, mit eleganten geschmeidigen Bewegungen. Die Schlittschuhe mit den weißen Stiefelchen daran blinkten in der Sonne. Dann wurden aus den Bewegungen Schriftzeichen, zierliche gerade Buchstaben. Sie stolzierten durch das Bild, daß es eine Freude war, kleine zackige Zinnsoldaten. Aus den Soldaten wurden schwarze Damesteine, die sich selbständig über das Spielbrett bewegten und mit den weißen Gegnern kurzen Prozeß machten. Die runden Steine wurden größer, Griffe wuchsen ihnen, jetzt waren es Tischtennisschläger, ein Ball flog zwischen ihnen hin und her, welche Geschwindigkeit. Und wieder siegte Schwarz.

Manchmal kam der Vater noch zu ihnen auf Besuch. Zu Festtagen fuhren die Schwestern auch zu ihm. Die Mutter sah sie nicht gern hingehen. Sie war verbittert, Charlotte sah sie viel weinen. Sie vertraute sich Charlotte an, erzählte ihr von den Freundinnen des Vaters. Da war die Serviererin aus der Kantine und die Apothekerin, mit der er immer Tennis gespielt hatte. »Blonde Frauen sind mir ein Brechmittel«, hatte er einmal zu ihr gesagt. Und dann gab es noch eine undurchsichtige Geschichte mit Huren, wegen der er und mehrere andere Kollegen auf andere Dienststellen versetzt wurden.
Wenn Charlotte eine Verabredung mit ihrem Vater hatte,

versuchte sie, sich hübsch anzuziehen und die Pickel abzudecken. Aber er schien nie etwas zu bemerken, was ihm gefiel. Bei der Begrüßung fielen ihm ihre lang gewachsenen ungefeilten Fingernägel auf, oder er hob mit dem Zeigefinger ihr Kinn an, um die Gesichtshaut zu begutachten.
Charlotte traf ihren Vater auf dem Nachhauseweg von der Schule. Er kam, um beim Tapezieren zu helfen. Sie zeigte ihm ein Mädchen auf der anderen Straßenseite, Veronika aus ihrer Klasse, die denselben Nachnamen wie sie hatte. Der Vater war wie ausgewechselt, hörte nicht mehr auf das, was sie ihm erzählte, schaute sich mehrmals nach Veronika um. Charlotte fühlte einen spitzen Schmerz in ihrer Brust, ein Ritzen wie von Glasscherben. Ihr Vater bemerkte nicht, daß sie nichts mehr sagte.
Nachmittags wartete sie auf ihre Freundin. Ihr Vater fragte interessiert nach, mit demselben Gesichtsausdruck wie am Mittag. Charlotte spürte wieder ein Schneiden, diesmal deutlicher, es hatte sich etwas in ihr festgesetzt, das wisperte: »Aber die Schwarze, die Kokette mit dem großen Busen, die ist tausendmal schöner als Ihr.«

Er war nicht größer als Charlotte, schmal, mit dichten schwarzen Haaren. Er wußte wenig von ihrer Arbeit und noch weniger von ihren Freunden. Wenn sie sich trafen, arbeitete er und sie machte das Essen und las dann auch. Er verachtete die Musik, die Gedichte, die Gespräche, die sie gern hatte. Sie erzählte ihm nichts mehr. Als sie Zahnschmerzen hatte, blieb er mit ihr die ganze Nacht wach und gab ihr Whiskey zum Spülen, etwas anderes hatten sie nicht auftreiben können. Ein anderes Mal streichelte er sie eine ganze Nacht lang, als sie aus Prüfungsangst nicht schlafen konnte.
Charlotte wollte ihr Zimmer im Studentenheim streichen. Er war dagegen. »Warum gibst du soviel auf Äußerlichkeiten? Lies lieber deine Bücher. Meinetwegen, mach, was du willst. Ich helfe dir nicht dabei, ich habe anderes zu tun.« Ein paar Tage später hörte sie ein Gespräch zwischen Susanne und

Monika in der Küche. »Morgen gehe ich mit José Farbe kaufen, er hilft mir, mein Zimmer zu streichen.« Charlotte ging in ihr Zimmer, hockte sich auf ihr Bett. Klein und weiß war sie geworden. Vor ihr aus der kahlen Wand sprang mit plötzlicher Wucht eine dunkle Gestalt. Die Schwarze war's, die Andere, Susanne mit ihren kurzen Röcken und der frechen Klappe. Sie war riesig groß und blinzelte ihr mit den langen schwarzen Wimpern zu, der lippenstiftrote Mund lächelte siegessicher: »Aber ich, Susanne, bin tausendmal interessanter als Ihr.«

Von nun an lauerte die Schwarze ihr auf. Immer, wenn Charlotte mit José zusammen unter anderen Menschen war, war sie auch da. Sie versteckte sich hinter Beate, mit der Charlotte sich bisher gut verstanden hatte, sie schlüpfte aus der stillen Anna und überwucherte sogar Christiane, die gute Freundin vieler intensiver Zweiergespräche. Sie wurde größer, geheimnisvoller, verlockender. Sie war die kluge Sirene, die Zauberin mit der schwarzen Magie. Charlotte kannte nur ein einziges Gegenmittel im Kampf um den Mann. Ihn mehr zu lieben, treuer zu sein als die andere, ihn besser zu verstehen, mehr für ihn zu tun.

Sie hatte Mühe, noch zu arbeiten. Sie war ständig damit beschäftigt, nachzudenken, Momente des Streits zwischen ihr und José zu rekonstruieren, zu überlegen, was sie anders machen könnte. Sie nahm das Auto und fuhr hinaus aus der Stadt, um sich den Kopf freizulaufen. Plötzlich sah sie in der Ferne zwei umschlungene Gestalten, die ihr sonderbar vertraut vorkamen. Charlotte versteckte sich hinter einem Busch. Es waren José und die schwarze Frau. Zum ersten Mal fühlte Charlotte sich nicht klein und weiß werden. Eine rote Hitze stieg in ihr auf, sie schnellte nach vorn und schlug mit aller Kraft auf die schwarze Gestalt ein. Sie spürte keinen Widerstand, hörte nur ein Splittern von Glas und sah zu ihren Füßen ein Häuflein Spiegelscherben liegen.

Charlotte war frei.
Aber schon spürte sie aufs neue das Wachsen des Spiegels in ihrer Brust. Sie wußte, sie würde all ihre Sinne brauchen, um den Spiegel in sich wieder und wieder zu zerschlagen.

Renate Guthmann

Die Abkürzung

Von Renate Guthmann erscheint im Herbst 1983
Das volle Leben
im Verlag Gudula Lorez, Berlin

Noch heute überwältigt mich von Zeit zu Zeit ein tiefverwurzelter Schmerz, von dem ich stets meine, er wäre längst vergangen. Aber dann ist er da, so stark und plötzlich, daß ich vor Schreck und Qual nicht mehr weiß, wohin auf dieser Welt.
Wenn der Schmerz da ist, dann weiß ich auch, daß er mich wieder anrufen wird. Ich vermeide das Betreten meiner Wohnung, um dem Klingeln des Telefons nicht ausgesetzt zu sein, doch es läßt sich nicht vermeiden, jedenfalls nicht gänzlich, und habe ich die Wohnung betreten, so klingelt das Telefon, ich weiß, daß er es ist, und hebe ab.
Mit diesem Abheben aber hebe ich sozusagen den Deckel eines Topfes, in dem eine brodelnde Brühe kocht, die meine Vergangenheit ist und die mich sogleich mit gesammelter Kraft umstellt.
Das wortlose Niederlegen des Telefonhörers auf den Apparat nach seinen ersten Worten ist eine verspätete Reflexbewegung, denn nun weiß ich wieder, daß er da ist, daß er meinen Schmerz erfühlt hat auf geheimnisvolle Weise. Oder auch nicht geheimnisvoll, doch für mich bedrohlich, ähnlich bedrohlich und auch geheimnisvoll wie alles, was seit unserer ersten Begegnung sich ereignete.
Die Hauptsache aber begann mitten in unserem Glück, was sicher nichts Ungewöhnliches ist, daß die Hauptsache im Glück beginnt.
Eines Tages, ein Tag also mitten im Glück, da rief er mich an, um mir mitzuteilen, daß er zu müde sei. Ich fragte ihn schon nicht, wozu, und nahm stillschweigend an, für alles. Außerdem, so sagte er, müsse er noch etwas arbeiten, mit R. Ich nickte zustimmend, unsichtbar für ihn, der da am anderen Ende der Leitung stand oder saß. Er mußte arbeiten, hatte gearbeitet, war müde.
In der darauffolgenden Nacht jedoch erwachte ich aus irgendeinem Grund, und während ich so stumm und dösend in der Dunkelheit lag, schoß mir plötzlich der Name R. durch den Kopf und jagte mich aus den Kissen empor.

Warum R.? Wer war R.? Hatte er jemals von R. zu mir gesprochen? Und müde. Warum war er müde? Nie zuvor war er zu müde gewesen.
Hatte sich da nicht etwas ereignet, was meinen anscheinend blinden Augen entgangen war Er war zu müde. Aber er arbeitete. Mit R . . . R . . . Wer nur war R.?
Des Schlafes beraubt, von einer zittrigen Unruhe befallen, rannte ich ohne Sinn durch meine Räume, knipste elektrische Lichter an und aus, legte mich ins Bett zurück, erhob mich erneut – R.
Als schließlich der Morgen anbrach, einer jener unzähligen Morgende, an denen Menschen aus dem Schlaf erwachen, an dem er aus dem Schlaf erwachen würde und R., an einem solchen Morgen also, da war etwas mit mir geschehen, wovon ich weder ahnte, was es war noch welches Ausmaß es annehmen würde.
Ich empfand mich jedoch als eine Veränderte, und das erste, was ich an diesem Morgen tat, war, zu ihm zu gehen mit nüchternem Magen und also ausgehungert und nicht nur deshalb wie ein Wolf, ein zitternder und ausgehungerter Wolf, der endlich eine Fährte gefunden hatte, der zu folgen es sich lohnt.
Erbarmungslos klingelte ich ihn, den Müden, aus dem Bett und stellte ihn übergangslos zur Rede. Wer R. sei, was er mit R. zu arbeiten habe, seit wann er mit R. arbeite, was das alles so plötzlich zu bedeuten habe.
Es blickte mich aber nur einer mit verschlafenen Augen verständnislos an und murmelte, ob ich nicht vielleicht später kommen könne, er sei jetzt zu müde.
Da wurde ich von einem wilden Etwas gepackt, und ich wiederum packte ein vor mir liegendes Buch und warf es ihm an den Schädel, packte ihn und schrie Worte der Wut und des Zorns in sein zutiefst erschrecktes Gesicht. Darauf verließ ich ihn und die Wohnung. Draußen, auf der Straße, schien es mir als hätte ich einen Entschluß gefaßt, wußte jedoch weder wann noch welchen ich gefaßt haben konnte, es schien aber, als

hätte ich einen Entschluß gefaßt, den ich nun entschlossen verfolgte. Denn nach einer langen, ziellosen Wanderung durch die Straßen, was meiner Beruhigung gelten sollte, stand ich schließlich vor dem Haus, in dem er arbeitete, mit R.
Nach einigem Zaudern – denn es gelang mir nicht, herauszufinden, was ich dort drinnen eigentlich wollte – betrat ich das Haus und klingelte an der Tür seines Büros. Eine Angestellte, die mich kannte, öffnete und ließ mich widerstandslos auf seine Tür zusteuern.
Ohne zu klopfen, öffnete ich die Tür, da fuhren zwei Gestalten auseinander, die zuvor dicht beisammen gestanden haben mußten, und so standen sie mir gegenüber und starrten mich an wie eine fremdartige Erscheinung.
Nie werde ich vergessen, wie ich dort, sozusagen zwischen Tür und Angel, zwei starrenden Personen gegenüberstand. Ein Gefühl völliger Verlorenheit überkam mich, und es war mir, als hätte ich schon Ewigkeiten auf dieser und allen anderen Türschwellen stehend verbracht.
Schließlich brach er das Schweigen, begrüßte mich und stellte mich vor – R. Das also war R. Hinter meinen verschlossenen Lippen wirbelten die Fragen auf und nieder, doch nicht ein einziges Wort davon kam hervor. Stumm setzte ich mich auf einen Stuhl, erhob mich wieder und ging auf die Toilette. Dort trat ich vor den Spiegel, worin ich eine bleiche Frau erblickte mit wirrem Haarschopf und riesigen Augen. Das war ich.
Darauf verließ ich das Büro und ging zu seiner Wohnung, zu der ich einen Schlüssel besaß. Ich legte mich auf sein Bett, das ganz und gar nach ihm roch, und die vielen Stunden, die wir in dem Geruch und dem Bett zugebracht hatten, fielen mir ein, Tränen begannen mir übers Gesicht zu laufen. Erneut ergriff mich ein schmerzendes Gefühl, als wäre da etwas geschehen, wovon ich nichts bemerkt hatte.
Ich grub mich tiefer in die Kissen und in den Geruch und weinte noch mehr. Da sah ich erneut die zwei Gestalten auseinanderfahren, die zuvor dicht beisammen gestanden hatten.

Ich schoß aus den Kissen empor. Was hatte das zu bedeuten? Konnten nicht nur die so handeln, die sich ertappt fühlten? Ich sah erneut diese plötzliche Bewegung vor mir – ja, so konnten nur Ertappte handeln.
Inmitten dieses Gedankenaufruhrs hörte ich die Wohnungstür zufallen, Schritte erklangen, gleich darauf stand er im Türrahmen. Dort verharrte er regungslos und sah auf mich herab, die mit vom Weinen verquollenem Gesicht in den zerwühlten Kissen lag. Schließlich setzte er sich auf die Bettkante und sagte leise, R. arbeite aushilfsweise bei ihnen seit einigen Tagen.
Durch das Bild der zwei auseinanderfahrenden Menschen hindurch erblickte ich ihn und sah ihm stumm, doch mit wachsender Unruhe zu, wie er, noch immer leise, in seiner Rede fortfuhr, die mich beschwichtigen sollte. Eine geheime Stimme in mir schrie, zuerst kaum vernehmbar, dann immer lauter und dann mit aller Kraft, und wo ich stumm blieb, da schien mir diese Stimme aus den Augen zu sprudeln, verschlug ihm so seine Worte, und er verstummte ebenfalls. War ich es, die ihm dann klatschend mitten ins Gesicht schlug? Die ihn einen Lügner, Heuchler, Verräter nannte? Ich schien mich und alle Welt vergessen zu haben, erst das laute Klingeln des Telefons brachte mich zur Besinnung. Sekundenlang saßen wir in entsetztem Schweigen, dann griff er nach dem Apparat, und ich sank erschöpft auf das Bett zurück und beobachtete ihn von dort, mit einer mir noch heute unbegreiflichen Sicherheit, daß da R. am Telefon sei. Ich hörte ihn Ja und Tschüß in die Sprechmuschel sagen und zu mir: Das war R.

Wußte ich ab jenem Augenblick noch, was ich tat? Ich erinnere mich nicht, in der darauffolgenden Zeit je auch nur einen klaren Gedanken gedacht zu haben. Eine Kraft hatte von mir Besitz ergriffen, die mich ein unbekanntes Ziel verfolgen ließ und dazu trieb, alle anderen Teile des Lebens zu vernachlässigen. Oft schien es mir, als würde ich von ihr verzehrt oder als brenne ein Feuer in mir, das mir zu gleicher

Zeit ungeheure Kräfte verlieh, mich vorwärtstrieb und dabei doch immer weniger werden ließ.
Auch will es mir bis heute nicht gelingen, in Worte zu fassen, was damals, nach diesen drei Worten am Telefon, in sich überstürzender Abfolge geschah.
Als wirklich anzunehmen ist, daß es zu einer Konstellation von drei Personen kam, welche aus R., mir und ihm bestand. Aber daß wir besessen waren von einer mörderischen Gier nach dem anderen, einen? Aber daß wir einander jagten, einen dritten ausschlossen, den einen überwanden, zum zweiten wollten und doch keinen fanden?
Immer scheint mir, als hätten wir uns aufgefressen. Immer scheint mir, als hätte ich mich selbst aufgefressen. Noch immer, bis hinein in diesen Augenblick, weiß ich nicht, wer ich bin.

Rahel Hutmacher

Entenfuß

Kalt und grau

Das Glück unsrer Kinder

Von Rahel Hutmacher erschienen
Wettergarten 1980
Dona 1982
Tochter 1983
im Verlag Hermann Luchterhand, Darmstadt

Entenfuß

Mittags hält mein Liebster mich bei der Hand, lenkt mich, führt mich, zeigt mir.
Glaub ihm nichts. Er lenkt dich: so vergißt du, was du beim Aufwachen gewollt hast. Er führt dich: so vergißt du, daß du eigne Füße hast. Er zeigt dir; glaub ihm nichts, er lügt.
Abends hält mein Liebster mich im Arm, küßt mich, wiegt mich. Warum sollt ich ihm nicht glauben.
Glaub ihm nicht; er lügt. Er hält dich im Arm: wie lang. Er küßt dich: was will er von dir. Er wiegt dich, ja, ja, er will dich betäuben, er will dich betören, was will er von dir.
Nachts springt er aus dem Bett und läuft mir weg. Nachts redet er im Traum, ich versteh nichts. Wenn ich schlaf, erwacht er und verläßt mich: für Stunden, für Tage. Er ist nicht mehr da, wenn ich frühmorgens nach ihm taste, nach ihm rufe. Ich lieg allein im Bett und frier.
Siehst du. Weshalb hast du ihm geglaubt. Jetzt liegst du und hast keine Füße mehr: er hat sie mitgenommen und läuft sie in seinen Träumen durch. Jetzt weißt du nicht mehr, was du willst: er hat dir dein Gedächtnis geleert und läuft davon, so schnell er kann. Warum hast du ihm geglaubt. Das hast du jetzt davon.
Aber morgens kommt er wieder: füttert mich mit Krumen, schenkt mir einen Entenfuß. Lehrt mich schwimmen und tauchen: da finden wir Schiffe und Schätze. Wir tragen all das Silber unter unsern Flügeln und Armen hoch; wir finden Gold. Er schwimmt voran, er zeigt mir.
Von dem Silber kauft er sich ein Wasserhaus. Da schwimm ich im Graben ums Haus und quake, da öffnet er sein Fenster. Er streut mir Krumen aus dem Fenster; ich schenk ihm bunte Federchen. Da freut er sich und lobt mich. Weshalb sollt ich ihm seine Freude nicht glauben: er hat mich noch nie belogen.
Glaub ihm nur, du wirst schon sehn. Von eurem Gold wird

er sich eine Andere kaufen: eine ohne Entenfüße. Die wird er ans Fenster führen und ihr sein törichtes Entchen zeigen. Dann schließen sie das Fenster, legen sich ins Bett und umarmen sich. Schlafen Hand in Hand die ganze Nacht, und du schwimmst im Graben und bist allein.
Ich bin nicht allein. Wenn seine Menschenfrau schläft und im Schlaf redet, geht er von ihr weg und läuft zu mir. Er setzt sich an den Grabenrand und ruft Entchen Entchen. Er nimmt mich in den Schoß, steckt mir die Hände unter die Flügel und wärmt sich. Er spricht zu mir die halbe Nacht: mir erzählt er. Die andre Hälfte der Nacht trägt er mich im Haus herum und zeigt mir alles, was er hat. Er liegt mit mir im nassen Gras und hält mich im Arm. Er bringt mir Krumen. Warum sollt ich ihm nicht glauben: er hat mich noch nie belogen.

Kalt und grau

Es ist kalt geworden, Liebste. Dabei wär doch jetzt Sommer. Aber es ist doch Sommer, sagt meine schöne Liebste und bringt mir Blumen. Meine ganzen Tische stehn voll Blumen; sind sie nicht schön, sagt meine Liebste stolz.
Sie sind wunderschön.
Sie solln mich freun. Ich bedanke mich und freu mich: so lange, bis ich meinen Dank gesagt hab. Dann vergeht mir das Lachen, und die Kälte zieht mir das Gesicht wieder zusammen und macht mir kleine Augen.
Die Vögel schrein vor Kälte und tragen mir schließlich ihre Eier ins Zimmer. Sie sind verzweifelt; ihre warmen Flügel sind nicht mehr warm genug. Die Kälte dringt ihnen durch den dichtesten Flaum und friert ihnen die Eier aus. Unter den Flügeln tragen sie mir ihre ungebrüteten Eier zu: die sind durchsichtig. In jedem sitzt ein junger Vogel, der jetzt schlüpfen müßte. Der sich bereits bewegt; ich kann die Flügel, Füßchen und den großen Eizahn durch die Schale schon gut sehn. Aber sie wollen nicht ausschlüpfen, obwohl jetzt die richtige Zeit wär und sie ausgewachsen sind. Durch die dünne Schale hören wir sie piepsen. Wir stehn ratlos vor diesem ruhigen Trotz.
Die Sonne kommt nicht mehr, Liebste.
Sie versucht mich zu beschwichtigen, aber sie kanns mir nicht ausreden. Ich frier jetzt Tag und Nacht, und der Tag unterscheidet sich nicht mehr von der Nacht.
Die Sonne kommt nicht mehr: die Vögel wissens auch, die Jungen in den Eiern. Meine Liebste bringt mir schöne Blumen nach Haus, um mich zu überzeugen, daß alles wie früher ist. Sie beschreibt mir, wie es doch schon immer trübe und kühle Sommer gegeben hat. Es kann nicht immer Sommer sein und heiß, sagt sie und trägt mir als Beweis prächtige Blumen an. Meine Liebste meint es gut mit mir; ich bin ihr dankbar für ihr ausdauerndes Glaub mir glaub. Sie sieht aber nicht hin,

wenn ich ihr die Vogeleier zeigen will, die immer noch in den Zimmerecken liegen: durchsichtig, mit den ruhig wartenden, ruhig atmenden Vögelchen drin, die nicht ausschlüpfen wollen in eine derart graue Welt.
Sie sieht nicht hin, wenn ich ihr die Flechten und den Schimmel zeige, die mir die Fensterscheiben und Wände hochkriechen, und die Pilzschirmchen, die jetzt allerorten wachsen und sich öffnen. Meine Liebste wills nicht sehn; und vielleicht ist das ganz klug. Was würd aus uns, wenn wir beide trostlos und angstvoll würden, beide den Mut verlören und nicht mehr leben wollten. Was würd aus uns, wenn wir beide vor den Pilzchen säßen und ihr hartnäckiges Wachsen beobachteten; wenn wir beide tagelang am grauen Fenster säßen, warteten, daß die Sonne endlich wiederkommt, wüßten: sie kommt nicht mehr.
Nein, es ist schon besser so. Du läufst aus dem Haus und kehrst mit Blumen wieder, die mir beweisen sollen, daß die Sonne kürzlich noch geschienen haben muß; kehrst mit winzigen, eben ausgeschlüpften Echsen wieder, die beweisen sollen, daß es immer noch warm ist: warm genug. Übersiehst, daß das Molche sind, die am liebsten im Feuchten und Dunkeln leben. Übersiehst die zusammengekauerten Vögel, die nicht aus ihren Eiern kommen wollen; übersiehst die silbergrauen Moose, die die Hauswand hochkriechen und mir das Haus in dumpfe feuchte Watte packen. Willst nicht sehn, daß deine goldnen Haar erlöschen; bist mutig, willst nicht aufgeben, lügst mich an und läßt mich mit meiner Eifersucht allein.

Das Glück unsrer Kinder

Jede Nacht wach ich jetzt auf und kann nicht mehr einschlafen. Ich horche; aber ich höre nur deinen unruhigen Atem und daß du dich stöhnend im Bett herumwirfst. Das ist alles; und die Stille im Haus, an die ich jetzt gewöhnt sein müßte, an die ich mich nicht gewöhnen kann.

Früher hast du nie unruhig geschlafen. Früher habe ich mich nie mitten in der Nacht mit klopfendem Herzen im Bett aufgesetzt. Ich sitz im Bett und horche, und schließlich steh ich auf, weil ich die Vorstellung nicht aushalten kann, unsre Kinder seien doch noch irgendwo im Haus und schliefen friedlich; sie seien aus dem Wald zurückgebracht worden und lägen jetzt ruhig atmend in ihren Bettchen.

Ich steh auf, obwohl ich weiß, es ist sinnlos. Natürlich sind die Zimmer leer, die Bettchen leer; im Grunde weiß ich es ja ganz genau und kann doch dieses Vielleicht vielleicht in mir nicht ganz zum Schweigen bringen.

Wir hätten sie verscheuchen sollen, damals. Wir hätten sofort in die Hände klatschen sollen, schsch machen und sie verscheuchen; eilig unsre Kinder nehmen, wegrennen und nie wieder in diesen Wald gehn.

Aber es gefiel uns so, wie sie sich an unsern Kindern freuten. Sie waren von unsern Kindern bezaubert, betört. Uns beide beachteten sie gar nicht. Sie kamen immer näher und sahn unverwandt auf unsre Kinder; es war ganz deutlich zu hören: es waren entzückte und begeisterte Laute, die sie ausstießen.

Sie waren aufgeregt und entzückt und umringten unsre Kinder. Unsre Kinder lagen nackt auf ihren weichen Decken, spielten mit ihren Händen und Füßen, waren heiter und zufrieden in der warmen Luft. Wir beide lagen nebeneinander und hielten uns an den Händen. Es war ein schöner Sommertag im Wald.

Wir hörten diesem aufgeregten Geschnatter, Gezirpe und Gequäk zu, lagen still und hielten den Atem an. Es klang so

lieblich und zärtlich. Wir konnten gar nicht auf den Gedanken kommen, sie sofort mit Schreien zu verscheuchen, unsre Kinder an uns zu reißen, schnell aus diesem Wald zu laufen und nie mehr hierherzukommen.
Wir waren bezaubert von ihren zärtlichen Lauten. Wir sahen zu, wie sie sich den Kindern näherten, zart ihre Händchen streichelten, zart ihre Gesichter betasteten, über ihre warmen gebräunten Bäuche strichen, sie leckten und kitzelten. Die Kinder gluckten und freuten sich; weshalb hätten wir sie nicht gewähren lassen sollen.
Den ganzen Tag kamen mehr. Schließlich kauerte ihr ganzes Volk um unsre Kinder. Sie waren immer noch aufgeregt, sie schnatterten und quäkten ununterbrochen mit diesen Glockenstimmchen, die unsern Kindern so gefielen. Unsre Kinder lagen zufrieden da und lauschten dem Gezirp.
So ging es den ganzen Tag. Sie genossen es. Sie waren ohnehin zufriedne Kinder, sie schrien sehr selten. Jetzt schrien sie, als wir sie abends von den Decken aufhoben, um nach Haus zu gehn. Es war ganz deutlich: sie wollten weiterhin gestreichelt werden und mit weichen Zünglein geleckt; und unsere gewohnten Hände, die ihnen doch vertraut waren, behagten ihnen heut zum ersten Male nicht.
Sie schrien, als wir sie aufhoben, um sie nach Haus zu tragen, und schrien weiter die ganze Nacht. Es fehlte ihnen nichts. Sie hatten getrunken wie immer, wir legten sie in ihre gewohnten Bettchen, sprachen und sangen zu ihnen mit unsern vertrauten Stimmen; alles war wie immer. Sie hörten erst auf mit ihrem alles durchdringenden Geschrei, als wir am nächsten Morgen wieder in den Wald gingen, sie wieder auf die Decken legten und sie wieder von allen Seiten das erfreute Geschnatter hörten, das zärtliche Gequäk.
Gestern waren wir erheitert gewesen, bezaubert und neugierig; gestern hatten wir lächelnd zugesehen, wie sie sich an unsern Kindern freuten. Heute waren wir besorgt. Wir sahen, wie unsre Kinder sich auf der Stelle beruhigten, sobald sie dieses Gezirp wieder hörten, sobald sie diese Händchen, diese

feinen Zungen wieder auf ihrer nackten Haut spürten. Sie waren erschöpft von der durchschrienen Nacht; sie schliefen sofort ein unter dem beruhigenden Gesumme und Geklingel, unter diesem haarfeinen Gestreichel.
Den ganzen Tag waren wir besorgt, obwohl ja alles gut war: die Kinder waren wieder friedlich und glücklich. Abends wurden wir ganz verzweifelt, als wir nach Hause gehen wollten und alles wieder war wie am Tag zuvor. Unsre Kinder ertrugen es nicht mehr, von uns angefaßt zu werden. Sie schrien, als würden sie von unsern weichen Händen gestochen und versengt. Es war kein trotziges Geschrei, sondern ein schmerzliches und leidendes; das machte uns so verzweifelt.
Wir waren hilflos. Wir legten unsre Kinder wieder hin. Wir standen da und sahen zu, wie sie getröstet wurden von unzähligen zärtlichen Fingern und Fühlern, von einem gleichmäßigen zärtlichen Gesumm; wie sie wieder zu lächeln begannen, als ihnen die Tränen weggeleckt wurden, und schließlich wieder glucksten und krähten vor lauter großem Glück.
Wir sahen uns verzweifelt an. Es wurde dämmerig; wir wollten nach Hause. Aber kaum beugten wir uns über die Kinder, begannen sie angstvoll zu schrein. Sie hatten Angst vor uns: als wären wir bedrohliche Fremde und nicht ihre Mütter.
Es war dann wie am Tag zuvor: ein schreckliches Geschrei und Gewein, das die ganze Nacht anhielt. Diese Nacht wollten sie auch nicht mehr trinken. Wir saßen an den Bettchen unsrer trostlos schreienden Kinder und wagten sie nicht anzufassen, weil sie dann vor lauter Angst keinen Atem mehr bekamen und blau anliefen.
Sie schrien und weinten, bis wir sie schließlich wieder in den Wald trugen, auf die Decke legten und zusahen, wie das Weinen aufhörte, wie sie sich entspannten und bald auch wieder zu lächeln begannen. Sie wurden gestreichelt, gewiegt und gesäugt; wir standen mit hängenden Armen daneben.
Den ganzen nächsten Tag berieten wir. Wir legten die Arme umeinander, weinten und redeten. Wir wollten, daß es unsern Kindern gut ging; wir sahen, wie glücklich sie hier wa-

ren. Wir wollten sie doch glücklich sehn. Wie hielten uns umarmt, weinten und weinten.
Abends taten wir, was wir den ganzen Tag besprochen hatten. Wir winkten; wir zeigten ihnen; sie begriffen sofort, was wir meinten. Sie zogen unsre Kinder mit tausend schnellen Fingerchen an. Sie hoben sie gemeinsam hoch, trugen sie und wiegten sie, und unsre Kinder lachten und ließen sich alles geschehn. Sie gingen vor uns her, das ganze Volk, und trugen uns die Kinder heim; wir gingen hinterher, trugen die Decken und waren blind von den Tränen, die uns aus den Augen liefen.
Wir gewöhnten uns daran. Sie waren überall im Haus. Ihr Gezirpe und Gesumm erfüllte alle Zimmer. Sie taten alles für unsre Kinder. Unsre Kinder waren wieder so freundlich und zufrieden wie zuvor. Es blieb allerdings so, daß sie angstvoll zu schreien begannen, sobald wir uns ihnen näherten. So gewöhnten wir uns daran, sie nur noch von weitem anzusehn, sie nie mehr zu berührn.
Nachts, wenn sie schliefen und das ganze Volk auch schlief, an sie gekauert, über sie gebreitet wie ein dunkler Flaum, nachts schlichen wir uns an ihre Bettchen, sahen zu, wie sie ruhig atmeten, wie schön ihre Wimpern auf ihren Wangen lagen, wie winzig ihre Fäustchen waren, die sie im Schlaf bewegten.
Als sie zu kriechen begannen und die ersten Schritte machten, begannen wir, die Türen abzuschließen und die Fenster zu verriegeln. Ach, wir hätten wissen müssen, daß es sinnlos war, was wir taten. Für unsre Kinder wurde viel besser gesorgt, als wir je hätten sorgen können.
Unsre Kinder lernten laufen und wurden eines Tages in den Wald geleitet: wie hätten wir sie aufhalten können. Sie gingen begeistert, zirpend und summend. Sie gingen, ohne zurückzusehn; ihre Augen leuchteten. Wir ließen sie gehn. Wir hätten sie gefangenhalten müssen: angebunden, eingegittert; das wollten wir nicht. Sie sahen so schön aus, zitternd vor Freude, glühend vor Freude, wie sie in den Wald gingen, in-

mitten dieses Volks, das sie mit tausend Händen leitete und mit tausend Stimmen zu ihnen sprach. Sie sahen wunderschön und unbeirrbar aus und tauchten schließlich ein ins Waldgrün, und wir sahen sie nie wieder.

Corinna Kawaters

Theorie und Praxis

Von Corinna Kawaters erscheint im Herbst 1983
der Frauenkrimi *Zora Zobel*
bei Zweitausendeins, Frankfurt

– Die Eifersucht habe ich mir glücklicherweise schon lange abgeschminkt –, denke ich, während meine Hände über die Kleiderbügel streifen.
– Nichts ist alberner, idiotischer als Eifersucht. –
Ich bin im Kaufhaus und halte ein gelbes Kleid in der Hand. Stehen tät's mir, finde ich, aber die Farbe . . .
– Ach, soll Helmut doch ruhig andere Frauen anmachen, wenn's seinem Ego nützt! –
Das Kleid wandert wieder auf den Ständer, ich gehe weiter, kann mich nicht entschließen.
Dabei bin ich extra nach Düsseldorf gefahren, um mir etwas ganz besonders Schickes zum Anziehen zu kaufen, aber auch die vielen verschiedenen Modelle bringen mich nicht zu einer Entscheidung. Anscheinend sind in diesem Jahr die Pastelltöne dran, aber die kann Helmut nicht leiden. Und ich richte mich da nach ihm. Aber Dunkelblau und Schwarz sind einfach nicht mehr im Programm.
– Also, wenn er unbedingt andere Frauen braucht, ich steh' da drüber, frau sollte nicht so kleinlich sein . . . –
Auch im nächsten Geschäft gibt's nur rosa und hellblaue, gelbe und hellgrüne Sachen. Ätzend, wie können erwachsene Frauen nur plötzlich Babyfarben tragen? Ich hätte zwar schrecklich gern mal wieder was besonders Raffiniertes zum Anziehen, aber meine Frustrationsgrenze ist durch die Sucherei in tausend Läden erreicht.
Müde beschließe ich, eine Kaffeepause einzulegen, als ich plötzlich Helmuts Auto in der Nähe eines Eiscafés sehe.
– Hoppla, was macht er denn da? Hat er mir nicht heute morgen erzählt, er hätte nachmittags einen wichtigen Termin an der Uni? –
Vorsichtig spähe ich über die Straßentheke in das halbdunkle Café. Tatsächlich, da sitzt mein Freund mit einer blonden Frau über eine Eisschale gebeugt. Jeder von ihnen hat einen Strohhalm eingetaucht, und sie lachen sich zu.
Die Verkäuferin nähert sich: Bitteschön, was darf's sein? Verstört bestelle ich ein großes Eis mit Sahne und kann durch

einen Spiegel Helmut und die Frau im Auge behalten. Die Blonde kuschelt sich an ihn, er legt seinen Arm um sie und streicht ihr durch die Haare. Gebannt stehe ich und starre hinüber. Eine eisige Faust hat meinen Magen umklammert.
Die Eisverkäuferin reicht mir meine Bestellung und kassiert, aber noch immer kann ich mich nicht losreißen.
Wohlverborgen hinter einem Blumentopf, der auf dem Glas der Theke steht, beobachte ich das Paar.
Die Frau fröstelt, und Helmut, der Gentleman, zieht seinen Pullover aus und legt ihn ihr um die Schultern.
– Seinen Pullover! Wenn ich mir überlege, wie ich diesen Pullover in monatelanger Fleißarbeit gestrickt habe! Zweimal habe ich ihn wieder aufmachen müssen, denn einmal war er ihm zu eng und einmal zu lang! Ich dachte schon, ich würde nie damit fertig! Und jetzt trägt ihn diese Ziege, diese unverschämte Hexe! –
Mir reicht's.
Ich werfe das Eis in die Gosse und verlasse meinen Posten. Der Druck in meinem Magen verstärkt sich. Helmuts Auto springt mir ins Auge. Hinter dem Scheibenwischer steckt inzwischen ein Parkzettel.
– Ha! Dieser Scheißer, das geschieht ihm ganz recht! Wie kann er es wagen! –
Plötzlich fühle ich in meiner Manteltasche mein Taschenmesser. Ich zücke es, schaue mich kurz um und ramme es in einen Reifen. Beim Rausziehen zischt es zwar irre laut, aber keiner der Passanten schaut sich um. Mein Puls rast, aber der Magendruck legt sich langsam. Schnell gehe ich ein paar Ecken weiter, doch es zieht mich unwiderstehlich zurück.
Das Auto steht immer noch da, aber ich habe mich überhaupt noch nicht beruhigt. Ich beobachte die wenigen Fußgänger. Dann stürze ich vor. Wie der Blitz bin ich am Auto und steche die anderen drei Reifen auch noch auf.
Erleichtert kann ich zurück zu den Kaufhäusern gehen und mich völlig in rosa und hellgelb einkleiden.

Am nächsten Tag stehe ich in der Post in einer langen Warteschlange.

– Helmut war gestern abend ziemlich wortkarg, noch nicht mal meine hellgelbe Unterwäsche ist ihm aufgefallen. Er hatte wohl einen ziemlich anstrengenden Termin ... Na ja, was für ein Glück, daß ich mir die Eifersucht völlig abgeschminkt habe – denke ich und zahle sein Strafmandat aus Düsseldorf.

Katharina de Fries

Versionen

Von Katharina de Fries erscheint 1983
ich hab' Grund zu singen
im Karin Kramer Verlag, Berlin

Version Chantal:

Für mich war es jedesmal der totale Verrat, wenn die beiden im Schlafzimmer verschwanden. Es war immer das gleiche: Sie stritten sich, bewarfen sich mit Geschirr, prügelten sich – ich ergriff jedesmal die Partei von Hanna, natürlich. Harry verschwand, und Hanna erklärte mir, was für ein Schwein er sei. Lang und breit machte sie mir klar, daß es diesmal das Ende sei – daß sie sich nicht länger so behandeln ließe, daß Harry der Terror der ganzen Wohngemeinschaft sei – was auch stimmte –, daß er ausziehen müsse. Meine anfänglichen Zweifel wurden jedes einzelne Mal durch ihre Entschiedenheit und durch die Klarheit ihrer Argumentation weggewischt. Ja, und dann, ein paar Stunden später, tauchte Harry auf, und die beiden verschwanden im Schlafzimmer. Und wenn sie wieder herauskamen, war Hanna weich und zärtlich, sie lachten und tuschelten miteinander, na ja, es war eben alles wieder in Butter. Eine Erklärung? Niemals. Höchstens eine leise, ruhige Rechtfertigung von Hanna, warum Harry doch recht gehabt habe – – es war unglaublich! Ich war jedesmal von neuem einfach baff. Ich konnte nicht mal protestieren, es war so . . . so . . unwirklich. Man kam einfach nicht dagegen an. Mit der Zeit machte mich das Ganze einfach krank. Ich zog mich in mein Zimmer zurück und heulte stundenlang. Manchmal kam Vera zu mir oder Jim, dann redeten wir leise miteinander, und ich hatte den Eindruck, daß die anderen, vor allem Vera, genauso verblüfft waren wie ich. Jim konnte schon seit Monaten nicht mehr reden mit Harry, zwischen den beiden war der absolute Haß. Aber Vera hatte einen beruhigenden Einfluß auf ihn – dachte ich damals. Nachts, wenn ich die Türen leise klappen hörte, dann wußte ich, sie ist zu Harry geschlichen. Und ich dachte: Gut, daß die beiden zusammen reden, sie kann ihm vielleicht sein Verhalten ein bißchen klarmachen. Ehrlich, nicht ein einziges Mal habe ich daran gedacht, sie könnten miteinander schlafen. Komisch, aber es ist so, ich hielt das für ausgeschlossen. Vera machte auf mich den Eindruck einer absolut ehrlichen und offenen Frau. Stundenlang haben wir beide geredet über das Verhältnis von Harry und Hanna und über alles, was so zwischen uns in der WG ablief. Können Sie sich vorstellen, daß eine emanzipierte Frau wie Vera – sie war immerhin Anwältin und links und vertrat die Frauen im Frauenhaus – daß so eine Frau über Monate hinweg mit uns lebt, mit mir über die intimsten Dinge redet – und sich nicht einmal verrät? Als ich erfuhr, daß sie seit Sylvester mit Harry schlief – also, ich bin aus allen Wolken gefallen. Ich hab das nie kapiert, warum sie das geheimgehalten hat. Ich hab Hanna gut verstanden, daß die total ausgeflippt ist. In weniger krasser Form hab ich mich auch von Vera betrogen gefühlt. Wenn ich an all die Stunden denke, wo ich mit ihr geredet habe – – über mein Gefühl von Verrat seitens Hanna – und sie, sie hat mir zugestimmt! Heute noch, wenn ich daran denke, wird mir ganz kalt.

Version Frau Meierhöfer:

Ja, ganz recht, ich bin die Vermieterin. Ich wohne im Vorderhaus, da kriegt man ja eine Menge mit, ich meine, von dem, was da hinten vor sich geht – ob man nun will oder nicht. Ich meine, zugegeben, ich hab von Anfang an ein besonderes Auge gehabt auf die Mieter im vierten Stock – wissen Sie, das war ja so eine Art Experiment – diese Wohngemeinschaft da oben. Die anderen Etagen sind alle von Firmen gemietet, es sind ja alles Fabriketagen, und ich hab lange gezögert, an die jungen Leute zu vermieten. Andererseits, diese kleinen Firmen gehen ja alle ein in den letzten Jahren – man muß eben mit der Zeit gehen, ja. Und ich muß sagen, ich hab nie Ärger gehabt mit dieser Wohngemeinschaft – abgesehen von dem Tag, als . . .
Also das war so: Ich kam an dem Tag gegen Abend nach Hause – Sie müssen wissen, ich helfe meinem Sohn ab und zu in der Buchhaltung, er hat ein Architektur-Büro. Nicht, daß er das verlangt, aber ich habe mein Leben lang gearbeitet, und für mich ist es eine Beruhigung, im Geschäft von meinem Friedhelm nach dem Rechten zu sehen, man kommt sich dann auch nicht so unnütz vor. Also an dem Tag komme ich nach Hause und mache mir als erstes einen Tee. Ich stehe am Herd, und plötzlich ein Krach – – ich stürze ans Fenster, und da steht die junge Frau von gegenüber, das Fenster weit offen, mit einer Schublade in beiden Händen – – ich schreie: Was machen Sie denn da? Und da läßt sie auch schon die Schublade fallen, krach, auf den Hof. Sie dreht sich um, packt einen Sessel, wuchtet ihn auf die Fensterbank – – und krach, ebenfalls auf den Hof. Glauben Sie mir, ich war vor Schreck wie erstarrt. Was sollte ich machen? Der einzige Zugang zum Fabrikgebäude liegt auf dem Hof, da konnte ich unmöglich rüber, – – die war ja wie wahnsinnig, die Frau – wenn da zufällig einer vorbeigekommen wäre – nicht auszudenken! Natürlich hätte ich die Polizei anrufen können, aber das ist mir erst hinterher eingefallen. Ich hab wie verhext auf das

Schauspiel gestarrt, die Brocken flogen nur so – – Bücher, Kleider, Stühle, und auf einmal – ich traute meinen Augen nicht – der Schreibtisch. Das war ein schweres Möbel, ich weiß bis heute nicht, wie die junge Frau das geschafft hat, so stark ist die ja auch nicht. Und daß die anderen nicht eingegriffen haben! Ich sah sie im Hintergrund von dem Zimmer stehen, keiner hat sich gerührt. Wer das alles war, konnte ich so genau nicht sehen, jedenfalls standen da mindestens vier Leute. Dann erschien der Schreibtisch auf der Fensterbank, schwankte einen Moment, und – – krach – – auf den Hof. Also das war ein Lärm wie im Krieg. Auf einmal war alles vorbei. Am Fenster erschien der junge Jim, ein Frechdachs, sage ich Ihnen, aber irgendwie konnte ich ihn immer gut leiden. Er machte das V-Zeichen und schrie: Sieg im Volkskrieg! Und dann schloß er das Fenster. Ich bin sofort rüber. Ich sage Ihnen, ich hab an Arm und Bein gezittert, so ist mir das in die Knochen gefahren. Ich hab geklingelt, und von drinnen hab ich Schreien und Schluchzen gehört. Jim machte mir auf, aber er ließ mich gar nicht zu Wort kommen, er packte mich an der Schulter, und ob ich wollte oder nicht, ich mußte mit ihm die Treppe wieder runter. Komm, Oma, mach dir nich ins Hemde, sagte er. Dann brachte er mich bis zu meiner Wohnungstür und versicherte, sie würden alles wieder in Ordnung bringen, den Hof aufräumen und so. Ich fragte: Was war denn eigentlich los? Und er: Ach nichts weiter. Die Hanna ist durchgedreht, weil die Vera mit dem Harry gebumst hat. Und dann sagte er noch: Es handelte sich um ein Eigentumsdelikt, alles streng auf dem Boden der FDGO. Und lachte, aber traurig.

Version Jim:

Ich war von Anfang an dagegen, daß Vera und ihr Ehemann bei uns einzogen. Die kamen an, sie, so ne richtige Bürgertussi, und er, son Klugschwätzer. Ich hab nen Blick für so was. Kurze Zeit später bin ich dann ja auch ausgezogen, ich hatte die Schnauze voll. Sie hätten mal die Möbel sehn sollen, die diese Tussi mitbrachte. Ich hab mich geweigert, beim Rauftragen zu helfen. Ich bin doch nicht bekloppt, ackere mich ab, um son Plüschkram in unsere Fabriketage zu schleppen ... Die andern waren alle dafür, das heißt, eigentlich war denen das egal, nur Hanna hat sich stark gemacht für die beiden. Hanna, die große Mutter. Det war sowieso zum Kotzen mit der. Die spielte sich auf, von Tag zu Tag schlimmer. Hat den Harry blind unterstützt, den Arsch. Der war ja schon lange ausgerastet, war aufm Terrortrip, der Junge. Wissen Sie, wir hatten sone Abmachung in der WG, daß, wenn einer gegen jemand ist, der neu einziehen will, daß dann derjenige nicht einzieht. War ne klare Abmachung, und grade Hanna hat das damals so formuliert, weil, wie sie sagte, das Recht des Menschen auf einen Ort, wo er sich rundrum wohlfühlt, unantastbar ist. Und genau sie hat das Abkommen gebrochen, hat ganz cool gemeint: Du kannst ja ausziehen, wenns dir nicht paßt. Mir war dann ja klar, daß nix mehr läuft. Wissen Sie, ich bin nämlich im Heim aufgewachsen, und da hab ich mein Quantum gehabt an Terror. Da konnt ich gut drauf verzichten, jeden Morgen in der WG die Faxen mit olle Harry anzusehn, wie der schon rinkam, mit Augen wie Blei, und denn, denn ging det los: Irgend was war immer, wat den aus den Schienen gekippt hat. Wenns nicht der Kaffee war, der zu kalt war, denn warns die Schrippen, die beim falschen Bäcker gekauft warn. Oder irgendein Satz, den einer gesagt hat. Oder ne Zigarette, die einer geraucht hat, bevor der große Chef fertig gefrühstückt hatte. Also gegen die Zigaretten, da hatte ich ja auch was. Wird mir glatt übel, wenn einer raucht, am frühen Morgen. Bloß denn nix

sagen, aber den Tisch umkippen, det geht zu weit. Aber wenn Sie meinen, daß Hanna denn mal gegen Harry Front gemacht hätte – – nee. Immer auf die andern. Und je mehr sie den Arsch unterstützt hat, um so schlimmer hats der getrieben. Mir kam das so vor, als wollte er sie provozieren, als wollte er rauskriegen, wie weit er gehen konnte. Mich hat das angekotzt. Mein Stiefvater, det war auch son Clown. Und immer mit meiner Mutter als Transformator. Genau wie Hanna: Ihr wißt doch, daß Harry nicht vertragen kann, wenn einer morgens duscht, während er auf dem Scheißhaus sitzt. Da könnt ihr doch mal Rücksicht drauf nehmen . . .
Später, als Hanna die Klamotten von der Tussi ausm Fenster geschmissen hat, da mußt ich echt lachen. Det war mir von Anfang an klar, daß det schiefgehen mußte.

Version Hanna:

Da stürzt heute noch der Himmel auf mich runter, wenn ich anfange darüber nachzudenken. Das Schlimmste ... das war, daß die beiden, Vera und Harry, bei der Geburt von Jule dabei waren, und ich hab nichts geahnt. Das muß man sich mal vorstellen, mir dreht sich ein Messer im Bauch rum, wenn ich daran denke. Ich hab denen doch vertraut. Und ich versteh bis heute nicht, warum, warum, warum ... Vor allem Vera versteh ich nicht. Da gibt es so Bilder, so Flashs, die haben sich eingebrannt in mir: Vera, die mit mir zu der Schwangeren-Gruppe geht, weil sie sich »auch auf das Kind vorbereiten« wollte. Dort habe ich einmal den anderen Frauen und auch ihr – erzählt, welche Schwierigkeiten ich während der Schwangerschaft mit Harry hatte. Er schlief nicht mehr mit mir – er lehnte das einfach ab, ohne Begründung. Am Anfang fand ich diese Zärtlichkeit ohne Sex ganz schön, warm und beruhigend. Aber mehr und mehr wurde das zur Qual. Ich hab mit niemandem darüber gesprochen; das war das erste Mal, mit den Frauen, und mit IHR.

Sie hat zugehört wie die anderen und kein Wort gesagt. Oder ein anderes Bild: Ich war kurz vor der Geburt nach Hause gekommen, und Harry und Vera waren allein im großen Zimmer. Sie hörten auf zu sprechen, als ich reinkam. Ich sagte nichts, ging aber etwas später hinter Vera her in ihr Zimmer. Ich sagte, daß ich den Eindruck hätte, sie sei in Harry verliebt. Ich war sehr behutsam. Ich wollte ihr klarmachen, daß ich solidarisch mit ihr sei. Sie meinte, sie könne sehr viel von Harry lernen und son Zeug. Aber sie leugnete, daß sie Harry liebe. Und dabei schliefen sie zu dem Zeitpunkt bereits seit Monaten miteinander. Und noch was: Alle wußten Bescheid. Eines Tages kam ein alter Freund von mir zum Essen, lachend erklärte er mir, ich sei ja wohl inzwischen auf dem laufenden, Vera hätte ihm zwar wieder das Versprechen abgenommen, mir nichts zu sagen, aber er könne sich nicht vorstellen, daß ich blind sei. Ich raste wie eine Irre zu Vera, fragte sie, warum sie mir nie etwas gesagt habe – – sie antwortete cool: Harry hatte es mir verboten. Harry verbarrikadierte sich in seinem Zimmer, er schrie von drinnen, er lasse sich nicht verhören. Ich stürzte ins Zimmer von Vera und schmiß ihre sämtlichen Möbel aus dem Fenster, auch den schweren Schreibtisch ... Vera ist Russin, und bis heute trinke ich keinen russischen Sekt und boykottiere den russischen Staatszirkus ...

Was das Schlimmste für mich war:

Daß die beiden mich zu einer betrogenen Ehefrau gemacht haben. So richtig klassisch. Und genauso hab ich mich verhalten. Aus wars mit zehn Jahren versuchter Solidarität, gelebter Erfahrung in kollektivem Verhalten. Aus wars mit Offenheit, Ehrlichkeit, Gemeinsamkeit. Was blieb: Haß, Mißtrauen, Eifersucht, Gemeinheit, Verrat – – wie gehabt, seit tausenden von Jahren.

Version Tahiti-Paule:

Ick erinnere mich genau, wie Hanna die Kleene geboren hatte, zu Hause. Det war am Morgen. Abends bin ick denn zum Kudamm jejang, wissense, in det teuerste Restaurant des Westens, sozusagen. Det is son russicher Schuppen, un allet vom Besten. Ick bin vorne rin, durchn Flur und direkt inne Küche. Vorher hatt ich mir son Schildchen annet Jackett gesteckt, und ne Chauffeursmütze uffn Kopp. Dann hatt ich nochn Zettel inne Hand. Auf den ha ick ruffjekuckt, und denn aufn Tisch. Da stand ne Riesenplatte, mit Hummer und so. Daneben sowat Ovalet, mit nem Fasan inne Mitte. Die beeden Platten ha ick mir jeschnappt, un raus. Ja und abends denn ham wer jefeiert, bei Hanna und ihre Leute. Die ham nich schlecht jekiekt, wie ick da ankam, mit de Delikatessen. Un da, an dem Abend, da war mir schon klar, dat irjendwat faul is. Hanna war janz still, un hat immerzu den Harry beobachtet. Nu hatses spitz, ha ick jedacht. Ick hatte ja schon son paarmal wat jesacht, zu Hanna. Aber die hat ja nischt hörn wollen. Die hat Ojen und Ohrn zujemacht. Dat da die Katastrophe anjesagt war – det wundert mich nich. Hanna, ha ick jesacht, die Vera, det is ne feine Frau. Gejen die kannste nich anstinken. Und dein Harry, der braucht det einfach, so wat. So wat muß der Mensch einsehn, wennet soweit is. Un sie: Wovon sprichst du eigentlich?
Also, ick kannte ja nu alle aus der Wohnjemeinschaft. Hab da sechs Wochen jewohnt, damals, als ick ausm Knast abjehauen bin. In soner Situation, da kriegt der Mensch son Blick fürs Detail, det könnse mir glauben. Die Hanna, die kenn ick jetze schon son paar Jahre, und ick muß sagen, det is für mich ne Frau, auf der ick steh. Aber leben mit der – – nee. Det is, wie wennse auf ner Bombe sitzen. Die setzt ihrn Kopp durch, egal wie. Der Harry, der hat mir richtig imponiert. Ick weeß ja ooch nich, weshalb die den alle zum Terrorbolzen jemacht ham. Für mich war det der einzije echte Mensch da drinne. Der hat son unheimlichet Jespür jehabt für det Rich-

tige. Und wenn der so Dinger mitjekriegt hat, wie jemand absolut nich druff hatte, ein andern zu respektieren, denn kriechte dern rejelrechten Anfall. Weil er nämlich jenau jewußt hat, det reden nischt nutzt. Ick meine, der hat sich selber det Leben schwer jemacht dadurch, wa. Aber so wat Konsequentes wie den, det jibtet nich noch mal. Der hat die Menschen jeliebt, ehrlich. Det ha ick jespürt. Und denn, Hanna. Die war uffm Machttrip, voll. Und Harry, der hat die Frau jeliebt. Det war klar. Aber jebraucht hat er se so wien Furunkel am Hintern. Jebraucht hat er die andere, die Vera. Die hat nämlich ooch janz schön Probleme jehabt, damals. Und deshalb hat dien offenet Ooje jehabt, für die Qualitäten von dem Harry. Nich wie Hanna, dic den ja richtig jefressen hat, mit Haut und Haare. Nee, det war schon klar, die beeden, der Harry und die Vera, die hatten ebent ihre Zeit. Un det Problem, det war Hanna, un det die nischt schnallen wollte. Un in sonem Fall, da muß et eben knalln, wa?

Fiktives Gespräch zwischen Hanna und Vera

HANNA: Warum hast du mir eigentlich damals nichts gesagt? Wir hätten doch solidarisch miteinander reden können ...

VERA: Glaubst du das wirklich?

HANNA: Ja. Das glaube ich. Denn die Sache, die mich wirklich geschmerzt hat, das war nicht eure Beziehung. Das war die Heimlichkeit, der miese, kleine Verrat ...

VERA: Hanna, sag mal, warum hast du denn m e i n e Möbel aus dem Fenster geschmissen und nicht die von Harry?

HANNA: Weil ich mich von dir verraten fühlte und nicht von ihm.

VERA: Aber ihn hast du geliebt ...

HANNA: Ja. Trotzdem, ich erwarte eben von einem Mann keine Solidarität, jedenfalls nicht in dem Maße wie von einer Frau, die ich mag ...

VERA: Laß doch mal deine Version beiseite. Versuch doch jetzt mal, ehrlich zu sein. Du hast mich gehaßt, weil ich eine Rivalin war, weil du dich von mir in Frage gestellt sahst.

HANNA: Das stimmt. Du warst so klein und zierlich und jung, und ich, mit meinem dicken Bauch, ich fand mich im Vergleich zu dir häßlich, unförmig. Erinnerst du dich, in jenem Frühjahr war es Anfang März schon sehr warm. Wir waren alle zusammen zum Kanal gegangen. Ich saß, mit aufgekrempelten Ärmeln und Hosenbeinen im Gras, neben dir. Du hattest dich ausgezogen, lagst da, mit einem winzigen Bikini, schön und zärtlich. Ich drehte mich mühsam um, da lehnte Harry an einem Baum, er hatte einen Grashalm zwischen den Lippen und sah dich an, voller Liebe und Begehren. Mir sind die Tränen in die Augen geschossen, und ich bin aufgestanden und gegangen.

VERA: Ich erinnere mich auch an diesen Tag. Ganz genau. Um uns herum saß eine Türkenfamilie, mit vielen Kindern. Du hast da im Gras gesessen, mit deinem herrlichen Bauch, die Sonne fing sich in deinem Haar, dein Gesicht sah weich aus, wie der Frühling. Ich strich mit den Händen über meinen leeren, flachen Bauch und hätte schreien können vor Verzweiflung. Irgendwann schaute ich auf, du warst gegangen. Harry hatte sich neben mich gesetzt. Ich begann leise zu sprechen, von meiner Mutter, die im KZ war, als sie schwanger war mit mir. Und von meiner Angst ...

HANNA: Vera, warum hast du nicht mit mir gesprochen?

VERA: Ich hab es ja versucht. Du hast doch nur auf dein Stichwort gewartet, um loszubrüllen. Du wolltest nichts hören.

HANNA: Laß du auch mal deine Version. Ich hätte zugehört, wenn du versucht hättest, mir etwas zu sagen, und nicht, etwas zu verschweigen.

VERA: Das Verschweigen war mein einziger Schutz. Du warst es doch, die das Gesetz verkörpert hat bei uns. Du warst Ankläger und Richter. Ich wußte die ganze Zeit, daß meine arme kleine Liebe von vornherein verdammt war von dir – – es war doch nur eine Frage der Zeit.

HANNA: Du meinst, auch wenn du mir von Anfang an gesagt hättest, daß du mit Harry liebst und lebst, ich hätte genauso gehandelt ...

VERA: Na klar. Als du meine Möbel aus dem Fenster geschmissen hast, hast du in Wirklichkeit mich gemeint. Hast mich da unten am Boden auf dem Pflaster aufschlagen sehen und hast mich in kleine Stücke zerbrechen lassen ...

HANNA: Stimmt. Ich würde das auch jederzeit wieder tun. Ich hasse dich immer noch.

VERA: Ich dich auch. Ich habe dich immer gehaßt.

Ula Windhof

Mamas Liebling

Die Fenster des großen weißen Hauses gehen in alle vier Himmelsrichtungen. Zwischen Tannen und Birken steht es auf einem Berg, durch den ein Tunnel führt. Wenn die Züge durchfahren, zittert das Haus leicht. Man kann vom Schlafzimmer aus den Zug vom Nordbahnhof abfahren sehen. Läuft man schnell genug zum Küchenfenster, erwischt man noch das Zugende, bevor es vom Südbahnhof verdeckt wird. Natürlich geht das auch umgekehrt.

In der Küche steht die Mutter und kocht Kartoffelbrei mit Karottengemüse. Damit können die Kinder beim Essen wieder Berg und Tal spielen. Die viereckig geschnittenen Karotten sind dann die Häuschen, und die braune Soße ist der Bach.

Im Nebenzimmer warten die Töchter auf das Abendessen. Mamas Liebling mit dem dunklen Lockenschopf und den großen Augen sitzt auf dem abgewetzten Sofa und malt. Zwischen den Kissen liegt das Handarbeitskörbchen der Großen mit Stricknadeln und Wolle. Die ältere Schwester versucht zu häkeln, die Fünf in Handarbeit wieder auszuwetzen, die ihr eine schallende Ohrfeige eingebracht hatte, von der Fünf in Deutsch ganz zu schweigen. Noch war die Kleine zu klein, um auch DAS besser zu machen.

Ihre Locken waren jetzt schon so dicht, daß sie sich nur mühsam in einen Pferdeschwanz bändigen ließen.

Die Große hatte glatte feine Haare. Und die wurden zehn Jahre lang immer wieder auf einen Bubikopf gestutzt. Da gab's keine bunten Schleifen und Klämmerchen in immer neuen Farben wie bei der Kleinen. Da gab's nicht das lange liebevolle Bürsten von der Mutter abends vor dem Schlafengehen. Da gab's keine Zöpfchen, keine Affenschaukeln, keine Korkenzieherlocken. Ah, die Kleine, was für ein Goldschatz sie doch war! Die Große aber ist schwierig. »Schlampig bist du, verdorben und gemein wie dein Vater«, sagt die Mutter. »Sie lügt und stiehlt«, sagt sie, wenn sie das Kind mal wieder in einer neuen Schule anmeldet.

Mamas Liebling ist nicht nur Mamas Liebling, sondern der

Liebling der ganzen Nachbarschaft, von Freunden und den wenigen Verwandten. Die Große schikaniert die Kleine. Verpetzt sie, wo sie nur kann. Aber das hilft nichts, die Mutter durchschaut das schnell.

Die Kleine sitzt auf dem Sofa und spielt mit ihren Locken. Ab und zu vergewissert sie sich, ob die Große das auch sieht. Dann schaut sie ihr direkt in die Augen: ja, gell, meine Locken ... Mit dem Buntstift fängt sie an, im Haar zu stochern. Sie löst die Schleife, läßt die Locken um den Kopf tanzen. Wieder schielt sie unter den langen Wimpern auf die Große. Deren Wolle ist inzwischen ganz verknotet. Weil sie die Kleine beobachtet, hat sie nicht aufgepaßt. Sie zerrt an der Wolle; der Knoten wird fester. Irgendwann schneid ich ihr mal die Haare ab! Wie sie damals mit dem Roller gestürzt war und blutend auf der Treppe lag ... Schade, daß es nur ein Loch im Kopf war. Auch das alte Brett, mit dem ich sie mal geschlagen habe und wo der Nagel rausguckte ...

Die Mutter kommt mit Tellern und Besteck. »Deck schon mal den Tisch.« Immer ich, denkt die Große, immer ich! Die Kleine hat sich geschickt zur Wand gedreht, als ginge sie das Tischdecken nichts an. Dort sieht sie das Körbchen mit dem Strickzeug. Sie zieht eine Nadel aus dem Knäuel. Das Lampenlicht wirft kleine Blitze auf die Nadel. Sie beugt sich vor zum Rand des Sofas und steckt die Nadel in die Steckdose. Die Große sieht zu. Kürzlich hatte es in der Küche gebrannt, weil der glühende Tauchsieder an der Tür hängengeblieben war. Die Kleine nimmt die zweite Nadel für das zweite Loch. Gleich, das weiß die Große, wird sie die zweite Nadel reinstecken. Die Große hält den Atem an. Gespannt starrt sie auf das kleine Ärmchen. Jetzt.

Die Mutter kommt mit den dampfenden Schüsseln ins Zimmer. Die Kleine liegt starr auf dem Sofa. Die Große steht am Tisch, in den Händen das Häkelzeug, die Topflappen zum Muttertag.

Gabriele Regin

Untreue

»Und ich dachte, du bist mir treu!!!« Tränen liefen über ihr Gesicht, sie schrie, tobte, wimmerte. Daß sie aber auch so eine tiefe Demütigung erfahren mußte. Nie, nie, nie hätte sie geglaubt, daß auch ihr das passieren könnte. Fasanenbrüstchen mit Trüffelbutter, was noch zu verzeihen wäre, aber ausgerechnet »bei Eduardo« in ihrer Springbrunnennische. – Ihr Freund nahm sie zart in die Arme und gab ihr einen Kuß aufs Haar. Er streichelte ihren Rücken und beteuerte ihr seine Liebe. Alles nutzte nichts. Sie war zu tief gekränkt. »Nein, nein, nein, geh fort«, konnte sie nur flüstern. Er wußte nicht, was er machen sollte. Dann kam ihm die rettende Idee: er lief zum Kühlschrank, öffnete eine Dose Beluga und brachte sie ihr. Den aß sie doch so gerne. Als sie ihn mit dem Kaviar in der Hand sah, verlor sie gänzlich die Fassung. So eine Taktlosigkeit hätte sie niemals für möglich gehalten. Sie schlug ihm die Dose aus der Hand, daß die fischige Lake nur so umherspritzte. Sie war müde von der Entladung und trottete hinter ihm her ins Schlafzimmer. Obwohl sie keine rechte Lust auf ihn hatte, schliefen sie dennoch miteinander, wie jeden Tag. Das gehörte eben zur Gesundheit.

Am nächsten Tag stand er früh auf, um ihr die Pein zu ersparen, ihn beim Frühstücken zu beobachten. Er ging fort, dann stand sie auf, hatte keinen Appetit, und beim Anblick seines benutzten Geschirrs wurde ihr schlecht. Als sie die Baumkuchenkrümel auf seinem Teller berührte, bekam sie einen Weinkrampf. Schließlich riß sie sich zusammen und ging zur Arbeit.

Das Abendessen, Pernod-Schnecken, Perlhuhn-Salami, Schweineschwänzchen extra fein, wurde kaum angerührt. Er nagte unwillig an einer Schnecke, sie drehte sich schamvoll weg.

Zur Versöhnung machten sie es sich im Bett richtig gemütlich. Er hatte Kerzen angezündet und die neue Bettwäsche aufgezogen, die er extra gekauft hatte. Sie war etwas getröstet und nach einer Stunde bereit, von ihm eine Ameise in Schokolade anzunehmen. Er mußte ihr versprechen, nie wieder mit einer anderen Frau ...

Zur Belohnung durfte er sie mit gerösteten Seidenraupen, Jasmin-Flammeri und Myrthenhonig füttern, denn er hatte ihr versprochen, nie wieder mit einer anderen Frau ... zu essen.

Ginka Steinwachs

Eifersucht, weniger von innen kommend, als vielmehr nach ihrer Folge beim Namen (Pestilenz) genannt

Von Ginka Steinwachs sind bisher erschienen
mythologie des surrealismus oder: die rückverwandlung von kultur in natur,
Medusa Verlags-G. m. b. H., Berlin – Wien 1983
marylinparis, montageroman
Stroemfeld-Roter Stern-Verlag, Basel – Frankfurt 1979
berliner trichter
siamesischer zwillingsroman
Rhombus-Verlag, Wien 1979
george sand: eine frau in bewegung, die frau von stand.
Medusa Verlag, Berlin 1980
In Vorbereitung:
der erzherzog ludwig salvator in miramar, mallorca

... und dann nahm die originalgetreue kopie der phönizischen mittelmeeryacht NIXE I. vom mallorquiner segelhafen valldemossa aus kurs auf die asiatische küste. es war ein brütend warmer tag, schwül das wetter. catalina homar stand allein an der reeling und schaute aufs meer. der stridente schrei der möwe, meeresrauschen, brandung, gischt. das meer lag vor ihr in der mittagszeit wie ein hochpolierter venezianischer spiegel da und nur die brüderschaft der silber- und der lachmöwen an der lieben lauen luft sorgte für bewegung. sonst stand alles still, ganz still und auch das stampfende schiff schien stille zu liegen. catalina dachte an ihre tagelöhnerinnenzeit, und wie der himmel es so gefügt hatte, daß sie sich in den weißen hengst verliebte, der die feldarbeit beaufsichtigte, oder genauer, ihr gefühl bediente sich einer metonymischen umschreibung: in seinen reiter. dieses ist lange her ...
... unter einem der dreimasten sitzt derweil ihre kaiserliche und königliche hoheit, der erzherzog ludwig salvator aus dem hause habsburg – lothringen – und bourbon und manövriert rollen. er ist in die lektüre eines hebräischen kommentars von RABBI, einer aramäischen bibelstelle, vertieft, welchen er mithilfe seiner beiden sprachlehrer david eins und david zwei, aus dem aus dem hebräischen ins deutsche übersetzten deutschen wieder ins hebräische rückübersetzt. wenn er das schafft, das original getreu restituiert, dann ist dies die probe aufs exempel.
diese übung von »thème« und »version« geschieht in seinen augen einzig zu dem zwecke der jerusalembesuchsvorbereitung. jerusalem: die klagemauer, der tempel, der oelberg, der berg golgatha mit seinen toten, die alle so gebettet sind, daß sie dem messias bei seiner wiederkunft am nächsten zu stehen kommen, wenn »harbal garmin«, der geist der gebeine in sie fährt, die schriftrollen von QUMRAN. die begehung, die besichtigung ist es, welche am ende dieser seereise auf ihn, l. s. und auf seine geliebte lebensgefährtin c. h. wartet, die er als weinleserin auf den malvasierterrassen seines landgutes aufge-

klaubt und wie eine reife frucht mundgerecht ausgedrückt hat. hofdamen, frauen von stand, kommen seit der verbrennung der prinzessin mathilde auf dem balkon des palais palffy in wien, vor seinen augen – eine zigarette, an welcher der schneeweiße gazerock feuer fängt, im nu die fackel, lichterloh – nicht mehr in frage. frauen niederer herkunft, frauen, die mit der frucht ihrer hand von der hand in den mund leben, müssen es sein. und diese, welche die stimme einer sirene aufweist, auf friolanische weise am brunnen zu halsen, zu drücken, macht ihm appetit. david eins und david zwei sind mit der übersetzungsleistung ihres gelehrigen schülers zufrieden. gerade teilen sie ihm den sinn der jüdischen ziffern 5 7 4 4, die gleichzeitig die lettern »thau«, »schin«, »mem«, »daleth« sind, mit. dieser sinn ist ein übles augur für das christliche jahre 1984, in welchem möglicherweise die trompeten und posaunen des weltunterganges . . .

ach, bis dahin sind ja noch 99 jahre, sagt der prinz und macht eine geste so als würde viel jordanwasser durch das bett seiner hände fließen . . .

. . . wir schreiben also das jahr 1885. am steuer der yacht zwischen sextanten, astrolaben, nautischem gerät steht der großbritische seebär, captain bay middleton und raucht pfeife. er wischt den blauen dunst mit dem ärmel aus der luft und vermeidet es dabei klüglich, seinen blick ins meer fallen zu lassen. das meer ist das fruchtwasser der schöpfung, wohl, es verjüngt und bleibt ewig jung, wohl, aber zu emotionsgeladen feucht zieht sich der blick ihm seit beginn der reise – welche sein herz zittern macht, und an der reeling, da steht eine möwe, die lacht silbern und will davon nichts ahnen – daraus zurück. captain bay middleton hat eine meerkatze. dieselbe ist keine katze, sondern ein affe. hier an bord hat jeder sein totemtier dabei, der herr erzherzog den schimpansen ›gorilla‹. dieselbe läuft, wie das papageienpärchen ›wolkenlos bitte‹ und ›sine nube placet‹ fleucht, frei an deck herum und kreucht besonders vernascht um die küche, in welcher der steiermärkische koch steffl einen türkensterz erhitzt . . .

... dann zieht es den captain an die reeling. er streicht wie eine vernaschte meerkatze um die singende möwe herum, welche ein ursprünglich maurisches mallorquiner lied trällert von liebe lust und leid. farbklänge, klangfarben. bay middleton hebt die notenperlen vom bohlenboden auf, wie sie fallen. die dünken ihn ein köstliches geschmeide. und unter dem schein, etwas achtern zu richten, schleicht er sich von backbord kommend, richtung steuerbord wieder an ihrem rockhohlsaum vorbei ...
... catalina weiß, daß ihm der erwerb seiner 15 von 14 muttersprachen einer welt post babel, die nach der einen verlorenen ursprache sucht, über alles, über seinen onkel franz-joseph in der wiener hofburg, über die kaiserintante, über die mutter in schloß brandys nad labem, über sie, über sie, über sie selbst, über ihren besitz gehen. schloß brandeis liegt einen mächtigen steinwurf weit von der silbernen stadt prag entfernt. deshalb fühlt sie sich übergangen und macht ihr herz halb frei für die fremde berührung ...
röntgenfilm:
so läuft das ab, so läuft was ab. als der captain bay an catalina homar, der möwe, vorüberwedelt, hält der erzherzog in der übersetzung inne .›thau‹, sagt er, ist der erste von vier buchstaben des hebräischen wortes ›zerstört‹. als der captain bay seinen geschniegelten leib bei c. l. kunstgerecht anlandet, exklamiert der erzherzog die hebräische letter ›shin‹. seiner exklamation ist eine gehörige portion irritation durchaus anzumerken. david eins und david zwei senken die lider. der schimpanse ›gorilla‹ kreischt in der dattelpalme an bord. es liegt etwas faules in der luft. der prinz ist wehrlos. wann immer es zu leben gegolten hätte, hat er gelesen. explikativer gesagt: lesen gehen ihrer hoheit, seit der frühen kindheit in den bäumen des parks des boboli unter den decken des brunelleschi im palazzo pitti in florenz an den ufern des arno (dies ist eine andere schöne geschichte) bald vor leben und daraus resultieren beide: lust und schmerz. als der captain bay c. h. fest in seine arme schließt, sie erbebt vor gier, da

meditiert l. s. den sinn von ›mem‹ – david und david ›klären‹ –und geht ein in die versenkung. als er daraus erwacht, reichen captain und tagelöhnerin einander kußmundgerecht die lippen dar. am steuer steht und lenkt der ersatzsteuermann. die unverhofft liebenden folgen der raunzenden meerkatze bis in eine luxuskajüte, ganz samt und seide, ganz wein und datteln, ganz eiderdaunen und süße frucht, daselbst der einflüsterung einer fremden macht, welche sie in sich einzudringen heißt, erliegend. der sinn der vier buchstaben des hebräischen wortes, zusammengesetzt aus »thau«, »shin« »mem« und »χ«, dieses »χ« ist seine letzte und vierte letter, bleibt offen, sagt der erzherzog . . .

. . . und dann landen die reisenden in haifa an und kutschieren zu pferde weiter. jerusalem, die heilige stadt, tochter zion freut sich nicht, sie trauert. der besuch der klagemauer, sprache tropft wie rinnsal aus dem tal der tränen, der oelberg, golgatha . . . unser prinz ist mit david und david, catalina homar ist bereits nicht mehr mit captain middleton zusammen, sondern irrt, eine verlorene silbermöwe, die weder lacht noch singt, auf den gräsern und den steinen einer 5 7 4 4 jährigen geschichte umher. sie trinkt aus einem weiher brackiges wasser und erbricht sich . . .
. . . eine art stillstand der zeit wie des meeresspiegels . . .
. . . wolken ziehen an gemütshimmeln auf, irritationsschwaden . . .
catalina fleht, rennt verbal an eine wand, erreicht ihn nicht. stößt sich den kopf blutig. tobt. er bleibt, anders als meer, unbewegt unter seiner kalten spiegelglatten oberfläche. wer unter die oberfläche dringt, tut es auf eigene gefahr. zwischen ihnen entsteht eine art klagemauer. sprachrinnsal. tränensaft. ich kann hierher kein beruhigendes ›und dann‹ setzen, so schreibe ich das anreißende ›und so‹ . . .
. . . und so kehren die reisenden, unter leitung des den steuermann vertretenden erzherzoges, welcher den captain bay middleton vertritt, am steuer in den kleinen segelhafen von

valldemossa, zur »insula balearis major« der alten römer zurück. der geächtete, der abgelenkte, der niedergebeugte, der gedemütigte blick. ihres herzens herr grollt. catalina erkrankt schwer. narben entstellen ihr gesicht und ihren leib, von dem eine üble ausdünstung ausgeht. nur die meerkatze ekelt sich vor ihrer nähe, ihrer berührung nicht.
sonst provoziert ihr auftritt ausweichen. sie wird wegen pestilenzverdachtes klaustriert. der steiermärkische koch steffl reicht ihr den goldgebräunten türkensterz durch eine klappe. sie betrachtet die lange beweinte speise lange und ißt nicht – noli me tangere – rührt sie nicht an ...
... an land wird sie von einem geistlichkeitsanwärter abgefangen, der mann ist instruiert, und liefert sie in der eselskutsche in der meernächsten terrassenförmig weinbestandenen besitzung des ARXIDUC – malvasiertrauben, die in barcelona preisgekrönt werden, reifen dort im überfluß – S'ESTACA ab. hier stürzen sich 28 kalbsgroße bernhardiner auf die todkranke und lecken sie ab. bald wird sich ihr umgang auf die gesellschaft der hunde beschränken. der fehltritt und seine folgen. erlaß von oben. höchstderoselbst. es geschieht nicht in frommer stimmung, als der erzherzog ›daleth‹ wie die ziffer »vier« definitiv zu den 5 7 4 0 jahren addiert, die weiter oben als jahreszahl 5744 vorzitiert worden sind, damit ist das hebräische wort für »zerstört« ausbuchstabiert. »zerstört« ist ihre beziehung, seine liebe längst einer anderen tagelöhnerin – frauen niederer herkunft, frauen, die mit der frucht ihrer hand von der hand in den Mund leben, müssen es sein – zugewendet. und doch löscht die andere die eine und die erinnerung an den doppelgänger schlemihl schatten, den großbritischen captain bay middleton nicht, dessen spiegelbild ihm das meer auf see venezianisch zurückwirft, dessen konturen die lüfte: punkt punkt komma strich, fertig ist des betrügers gesicht, malen, ihm vor der seele steht und seinen groll prolongiert ...
ich bin der erzherzog, dein geliebter
und du sollst keinen geliebten haben neben mir.

... catalina steht am fenster ihres landschlosses und schaut aufs meer. sie hält sich an krücken. darauf tänzelt verwunschen wie andersens kleine seejungfrau die jungfräuliche braut NIXE I. und rauch dampft aus dem schornstein. und das alles wenige hundert meter weit von ihr entfernt auf den wellen, die sich ihr brausend zu- und klatschend abwenden. und der erzherzog steigt seiner mittelmeeryacht mit großem oder kleinem gefolge zu oder entsteigt ihr mit kleinem oder großem gefolge. ihre sehnsucht hat stimme, während der mund gepreßt schweigt. eine überbrückung der entfernung in der zeit des raumes oder (einsteinisch) im raum der zeit erweist sich als unmöglich ...

Waltraud Pritzkau

Ein ganz normaler Mittwochabend

Es ist acht und ein ganz normaler Mittwochabend.
Nach Büroschluß bin ich im Galopp zur Kita gerannt und habe meine Tochter abgeholt. Das Kind zur Eile antreibend, habe ich es vor Geschäftsschluß gerade noch geschafft, fürs Abendessen einzukaufen. Bepackt mit Tüten und dem Kind sinke ich erschöpft im Bus auf einen Sitz und habe wenigstens die nächsten zehn Minuten Ruhe.
Denkste!
Antje muß noch Schularbeiten machen und kann sie wieder nicht alleine.
Zu Hause angekommen, schneide ich erst mal den Kohl und setze mit den übrigen Zutaten mein Irish Stew auf. Gezeter von Antje, als ich sie für die Schularbeiten von ihrem Spiel wegholen muß. Prompt sind wir ein Pärchen, ich schreie, sie heult und wir sind beide nicht mehr in der Lage, die verdammten Schularbeiten zu Ende zu kriegen.
– Passiert recht oft an Mittwochabenden –
Das Kind will sich nicht waschen, ich schreie schon wieder, weil ich keine Nerven mehr habe und eigentlich schon morgens die Nase voll von diesem Tag hatte. Ich wasche das protestierende Kind, sehe immer mal wieder nach meinem Stew und bin schon wieder satt, noch ehe es gar ist.
Eine Maschine Wäsche muß ich auch noch waschen. Ich habe das Gefühl, daß die Wäsche Junge bekommt, nie wird der Berg kleiner. Das Stew ist inzwischen angebrannt, und ich muß es in einen anderen Topf umfüllen, damit ich nicht alles wegschmeißen muß.
Als ich Antjes Kleidung für den nächsten Tag herauslege, merke ich, daß ich auch noch eine Strumpfhose flicken muß – ewig muß dieses Kind alles kaputtmachen – andere Kinder fallen doch auch nicht sooft hin.
Das Stew ist inzwischen mehr als gar und Wolfgang, mein Mann, noch nicht zu Hause. Er ist sicher wieder auf ein Bier gegangen und in der Kneipe versackt. Das kann ja wieder eine lange Nacht werden, aber ich will mich nicht aufregen.
– Das ist normal an diesem Mittwochabend –

Ich tu dem Kind eine halbe Kelle Stew auf, ich hab nun gar keinen Appetit mehr. Es schmeckt ihr nicht, sie schiebt das Zeug auf dem Teller herum und sammelt die Pfefferkörner in einer Ecke zusammen. Genervt fordere ich sie ein paar Mal auf, doch endlich zu essen. Als sie schon wieder heult, flippe ich völlig aus und bringe sie ohne Gutenachtkuß ins Bett. Ich fühl mich hundeschlecht dabei, kann aber nicht anders. Mit Gewalt und Anstrengung kann ich meine Schuldgefühle und die Gedanken vergraben; wenn ich sie rauslasse, bin ich bestimmt verloren. Ich habe Angst, daß die Tränen mich auflösen könnten.
– Ich habe sie gesammelt an vielen Mittwochabenden –
Die Anstrengung, den angebrannten Topf sauberzukriegen, lenkt mich ab und macht mich ruhiger. Nachdem die Wäsche endlich hängt, ist es acht, und ich beginne zu warten.
– Auch das ist normal – und nicht nur mittwoch abends –
Ich stelle den Fernseher an, doch da gibt's nichts Gescheites. Jemanden anzurufen, wage ich auch nicht, mein Mann könnte es ja gerade probieren, um mir zu sagen, daß er später kommt. Ich hätt's zwar dann schon lange gemerkt, aber was soll's.
Ab und zu möcht ich's auch mal so gut haben wie er, nur arbeiten gehen und mich sonst um nichts kümmern müssen. Er würde bestimmt ausflippen, wenn ich erst spät anriefe, um ihm zu sagen, daß ich mit Kollegen noch auf ein Bier in der Kneipe bin. Doch es ist müßig, darüber nachzudenken, es ändert sich ja doch nichts.
Ich stricke ein bißchen, da klingelt es endlich. Es ist nur meine Mutter, die mich mit ihren Wehwehchen behelligt, und ich bin froh, daß ich meist nur »Hm« zu sagen brauche. Ich lüge und sage, daß er Überstunden macht, als sie kurz ihren Schwiegersohn sprechen will. Sie freut sich über das zusätzliche Geld, das wir haben würden, und ich muß an das »normale«, in die Kneipe getragene denken, das uns wieder fehlen wird. Warum muß er aber auch immer gleich Lokalrunden schmeißen, und ich kann wieder sehen, wo wir bleiben.
– Das ist normal an vielen Tagen –

Als sie endlich auflegt, sehe ich auf die Uhr. Es ist zehn, und ich hoffe, daß er nicht gerade jetzt angerufen hat. Dann war er bestimmt sauer, weil belegt war, und kommt erst recht spät nach Hause.
Ich bin zu müde, um noch was zu machen und packe das Strickzeug weg. Ich bin überhaupt in letzter Zeit nur noch müde, ich stehe schon müde auf, bin froh, wenn der Tag rum ist und ich endlich schlafend die Besinnung verlieren kann. Ich kann mich kaum noch auf den Beinen halten, hole mir eine Wolldecke und lege mich auf die Couch, das Telefon in Reichweite auf dem Tisch.
– So lieg ich oft am Mittwochabend –
Ich habe das Gefühl, gerade eingeschlafen zu sein, als das Telefon mich hochreißt. Endlich ist er dran und kündigt seine Heimkehr an. Natürlich hat er wieder keinen Hausschlüssel dabei. Das Irish Stew soll ich auch schon heiß machen, er ist in zehn Minuten da.
Das Stew ist längst wieder abgestellt – ich leg mich wieder hin. Mehr als eine Stunde ist seit dem Anruf vergangen – sicher hat er doch noch ein Bier getrunken.
Ich kann nicht mehr einschlafen, liege wie versteinert und warte auf den Anruf, daß er kommt, damit ich endlich richtig schlafen gehen kann.
Um halb zwei ist es soweit. Ich zieh mir einen Bademantel über, mache auf, stehe mit verschränkten Armen am Herd und warte schweigend darauf, daß das verdammte Stew zum dritten Mal heiß wird.
Er hat beim Würfeln gewonnen, fühlt sich großartig und will nun offensichtlich auch noch was von mir. Angeekelt von seiner Bierfahne schiebe ich seine Pranken von meiner Brust und geh um den Tisch herum in Deckung. Tödlich beleidigt setzt er zum Angriff an. Er nimmt sich einen Löffel und probiert das erst lauwarme Stew.
»Willst du mir tatsächlich diesen zerkochten Fraß vorsetzen?« fragt er – es fällt ihm wohl nichts Besseres ein.
In meinem Kopf explodieren plötzlich tausend Sterne, ich

werd so wütend wie noch nie in dieser ganzen Scheißehe, fühl mich ausgenutzt, gedemütigt, getreten und hab nur einen Wunsch – zurückzuschlagen, mich endlich zu wehren, damit ich wieder leben kann.
Er weicht erschreckt zurück, als ich mit zwei Schritten um den Tisch herum bin, eine gefüllte Kelle Stew wie eine Furie in seine Richtung schleudere und ihm bebend vor Zorn ins Gesicht schreie, daß ich das letzte Mal die Tür aufgeschlossen hätte und er in Zukunft keinen »Fraß« mehr zu solcher Stunde von mir erwarten kann.
Als ich endlich aufhöre zu schreien, bin ich über mich selbst erschrocken. Aber es ist herrlich – ich fühle, daß ich lebe und wieder frei durchatmen kann. Es macht mir auch nichts mehr aus, daß ich – nachdem er sich wortlos vor Schreck ins Bett verzogen hat – das Stew aus allen möglichen Ecken aufwischen muß und mir noch ein Stück Nachtruhe mehr fehlen wird.
Ich bleibe auf der Couch im Wohnzimmer, fühle mich so gut wie lange nicht und beginne darüber nachzudenken, ob ich ihm nicht bald noch viel mehr verweigern soll, als nachts zu kochen und die Tür aufzumachen.
– Das ist wohl nicht normal an diesem Mittwochabend –

Ruth E. Müller

Zufallstraum

Die Sekretärin Hanna H. konnte gerade noch die Rückleuchten des davonfahrenden U-Bahn-Zuges wahrnehmen, als sie über die Rolltreppe auf den Bahnsteig gelangt war. Wie häufig in solchen Fällen überließ sie sich auch diesmal der müßigen Frage, welche Minute in der vergangenen halben Stunde gewissermaßen entbehrlich gewesen wäre, um den Zug noch zu erreichen: Hätte sie die Rosen nicht noch versorgt, auf des Abspülen der Teekanne verzichtet, die Auswahl der Garderobe unverzüglicher getroffen, die Auslagen im Schuhgeschäft nicht eingehender als üblich gemustert, dann säße sie nun schon im Zug, würde sich acht Minuten eher an der Kaffeetafel ihrer Mutter einfinden und den immergleichen Kuchen als den immerbesten loben. Angesichts dieser letzten Überlegung fragte sie sich, ihren Gedanken Einhalt gebietend, wieso ihr denn eigentlich daran hätte gelegen sein sollen, jene Minute einzusparen, kam zu keinem befriedigenden Ergebnis und behielt jedenfalls einen dumpfen Argwohn gegen den Zufall zurück.

Ihr Blick wanderte zur Bahnhofsuhr, und mit einer Zustimmung, über die sie sich im nächsten Augenblick verwunderte, stellte sie fest, daß bei ihren Überlegungen ziemlich genau eine Minute verstrichen war.

Gleichzeitig belebte sich der menschenleere Bahnsteig: Eine in sich schwankende Gruppe von mehreren Personen befaßte sich damit, Regenschirme auszuschütteln, hochgeschlagene Krägen umzulegen und achtlos eingegangene Umarmungen schulterklopfend zu lösen.

An einer charakteristischen Geste: dem Einziehen des Kopfes und gleichzeitigen Eintauchen der Hände in, die schrägsitzenden Taschen des Trenchcoats erkannte sie den Prokuristen Ralph K. Oder hatte ihn vielleicht schon erkannt, als auf der Rolltreppe, für sie unsichtbar, sein gesellschaftsmäßiges Lachen erklungen war. Und hatte deswegen an die Rosen gedacht.

Für den Augenblick hatte sie nicht das Bedürfnis, der Klärung dieser Frage nachzugehen. Ihr Augenmerk richtete sich

einzig auf dieses halbe Dutzend Menschen, deren Anspruch auf Gutsituiertheit offenbar infolge eines ausgedehnten und gelungenen Mittagessens etwas in Auflösung geraten war.
Gierig und schaudernd wandte sie ihren Blick auf den Prokuristen Ralph K. und seine Begleiter, jedoch ohne sich von der Stelle zu bewegen.
Noch ehe sie sich entschieden der Wahrnehmung widersetzen konnte, identifizierte sie eine in einen Pelzmantel gehüllte Dame als die Ralph K. zugehörige Gattin, obwohl die beiden Frauen sich wohlweislich nie begegnet waren.
Ralph K. stand abgewandt. Daß er scherzend Wort führte, war abzulesen an den Mienen der ihn umgebenden Personen, von denen Hanna H. eine flüchtig zu kennen glaubte.
Tatsächlich schien einer der Herren kaum verhohlen zu stutzen, als er sie über Ralph K.s Schultern hinweg ansah.
Hanna erinnerte sich ansatzweise an eine Begegnung mit ihm in einem verschwiegenen Ausflugscafé und an den zunächst neugierig auf sie gerichteten Blick, der abgelöst wurde von einem peinlich mitwisserischen Räuspern in ihre und ihres Begleiters Richtung.
Was sie aber für den Moment mehr in Anspruch nahm, war die fraglose Evidenz der Zusammengehörigkeit von Ralph K. und Frau K.
Obwohl die Eheringe die Größe von Handschellen hätten haben müssen, um auf die Entfernung von etwa zwanzig Metern als gleichartig erkennbar zu sein, war Hanna H. dennoch waffenlos gegen die Tatsache, daß der rasche Glanz seiner zur Stirn geführten Rechten von gleichem Golde war wie die hochkarätige Insignie am entsprechenden Finger der Frau K.
Wäre Hanna H. zu philosophischer Betrachtung geneigt gewesen, dann hätte sie sich womöglich in der Folge ihrer Beobachtungen Gedanken gemacht über das abstrakte Wissen um einen Sachverhalt einerseits und die sinnliche Anschauung desselben Sachverhaltes auf der anderen Seite sowie über die körperlich erfahrbare Differenz zwischen beiden.

Denn in der Tat spürte sie, daß ihr die Knie weich geworden waren, und hatte das widerspenstige Bedürfnis, in Ohnmacht zu fallen.
(In der später folgenden Rekonstruktion der Vorgänge war sie an diesem Punkt ehrlich erstaunt über die Unverhältnismäßigkeit der Mittel, die anzuwenden sie bereit gewesen wäre.)
Als Entschädigung dafür, daß sie sich die Erfüllung dieses Wunsches versagen mußte, wollte sie nun wenigstens gleichsam zufällig ins selbe Abteil steigen. Doch eine eher anerzogene als empfundene Friedfertigkeit hielt sie davon zurück. Auch wollte sie Frau K. nicht so nahekommen, daß diese für sie wiedererkennbar wäre. Und dann hatte sie wohl auch Bedenken, sich einem zu unbekannten, zu verwirrten, zu angstvollen Blick Ralph K.s auszusetzen, einem Blick, von dem sie ahnte, er würde sie an diesem Wochenende noch wiederholt heimsuchen.
Hanna H. erinnerte sich an ein vorsichtig das Dreieck umkreisendes Gespräch zwischen ihr und Ralph K., in dessen Verlauf er von der möglichst zu vermeidenden Überschneidung unverträglicher Sphären gesprochen hatte. Sie hatte das damals nicht so recht verstanden, doch nun wurde ihr der bislang verborgene Sinn klar, denn der Schmerz, den sie verspürte, glich tatsächlich dem einer Schnittwunde.
Der Gedanke »Woher weiß er das?« irrlichterte ihr durchs Gehirn, wurde aber augenblicklich verscheucht von dem Geräusch des einfahrenden Zuges und der nunmehr unwiderruflich anstehenden Entscheidung, in welches Abteil sie sich begeben sollte. Schon spannten sich ihre Sehnen an, bereit, mit einem raschen Satz der gefährlichen Anziehung nachzugeben. Doch dann fühlte sie sich vom «Zurückbleiben!« des Lautsprechers auf so ungeahnte Weise verhöhnt, daß sie heftig den Kopf zurückwarf und voller Trotz und Kränkung – ohne zu wissen worüber – geradewegs ins nächste Abteil stieg.
Sie vermutete, Ralph K. an der folgenden Station aussteigen

zu sehen, und reckte etwa zwei Minuten später den Kopf aus der offenen Tür des Wagens.
Das Ehepaar K. formierte sich auf dem Bahnsteig in einer Weise, von der prinzipiell nicht gesagt werden konnte, ob sie als liebevoll oder gewohnheitsmäßig zu interpretieren sei. Hanna H. versagte sich die Ausdeutung und sandte, noch aus dem davonziehenden Zug, ihren unerkannten Blick auf eine Szene, die Ralph K. wohl anders geraten wäre, hätte er um sein Publikum gewußt.
So aber blieb Hanna das Bild eines leichtfüßigen Paares, das angeregt plaudernd dem Ausgang des U-Bahnhofs zustrebte. Nur einem besonders scharfsichtigen Beobachter hätte auffallen mögen, daß Ralph K. allzu bemüht sich seiner Gattin zuwandte, mit leicht eingezogenem Kopf und alles außer acht lassend, was jenseits des auf Frau K. gerichteten Sehkegels noch hätte existieren können.
Hanna H. fand erst allmählich zu einer Empfindung ihres Körpers zurück und registrierte heiße Wangen und ein hektisches Klopfen in der Magengrube.
Am Abend fragte sie sich angesichts des Rosenstraußes, der sich müde zu neigen begann, ob sie sich nun gedemütigt fühlen sollte.
Die Nachzügler einer Liebesnacht von der Ausdehnung, die verheiratete Männer sich eben noch leisten können, waren ihr mit einemmal fragwürdig in ihrer höhnisch purpurnen Zweideutigkeit.
Am nächsten Morgen begab Hanna H. sich nicht ganz so gewohnheitssicher wie sonst an ihren Arbeitsplatz als an einen Ort, an dem nur konzentrische Kreise gezogen wurden und demzufolge keine Gefahr der Überschneidung bestand. Geschäftsmäßig flüchtete der Blick des Prokuristen Ralph K. auf Zahlenkolonnen, über die er virtuos hinwegflog, als Hanna H. das Büro betrat.
Seine morgendliche Begrüßung, die er mit verstohlener Leidenschaftlichkeit auszustatten sich angelegen sein ließ, wurde – von ihm unbemerkt – mit verhaltener Kühle beantwortet.

Auf die Frage nach ihrem Wochenende antwortete sie beiläufig und obenhin mit der Erwähnung eines Traumes, in dem sie für wenige Minuten unsichtbar gewesen sei, auf einem U-Bahnhof.
In entschuldbarer Verwirrung antwortete Ralph K. mit den Worten »Sachen gibt's . . .«, um sogleich die Frage anzuschließen, ob denn die Rosen noch frisch seien. Gerührt von solcher zartfühlenden Besorgnis, entschloß Hanna H. sich ohne Zögern dazu, im Interesse aller Beteiligten einem Zufall die Schuld daran zu geben, daß sie die Wirklichkeit erlebt und nicht geträumt hatte.

Andrea Kupkow

Vier Tage unserer Unschuld

März 1982

Illusion

Von Andrea Kupkow erschienen im Selbstverlag
Verwaiste Tränen, 1982
Tränen und Trapez, 1983
zu bestellen bei Margret Meyer, Spenerstraße 11, 1 Berlin 21

Vier Tage unserer Unschuld

Erster Tag

Lege deine Beine um meine, umschlinge sie mit deiner Kraft, laß deine Hände tanzen auf meinem Körper, laß deine Stimme singen nach dem Zauber.

Zweiter Tag

Sinnlich werde ich und vulgär, hab' ich einen Suff im Bauch, dann möcht' ich dich lieben und wieder lieben, hinter den Wolken fliegen. Aber ich bin allein, du bist fort, hab' dich mit meiner Trunkenheit erschreckt, saufe weiter, spür', daß ich dich brauch', doch verdammt noch mal, meinen Kummer auch.

Dritter Tag

Der Geschmack von Hölle verliert sich in meiner Seele, das Menü des Himmels trage ich in meinem Herzen. Du mit deiner uniformierten Zunge kannst nur das Salz meines Fleisches schmecken, nicht die Tiefe meines Seins.

Vierter Tag

Einen Arschtritt nach oben brauchen meine verwaisten Tränen, die haben heute nichts übrig für Beethoven, tanze Tango mit dir in meinem Kopf wie damals nachts auf dem Grunewaldsee, unsere Herzen schmolzen auf dem Eis. Das war Winter mit dir.

März 1982

Ich habe dir nichts mehr zu sagen. Dein Mund lächelte wie eine ins tiefe Loch gefallene Ratte, und ich dachte, du seiest sanft, werde dich nicht suchen in stinkenden Kneipen, wo dein geiler Aussatz dir im Gesicht steht, geh mit Typen ins Bett, die dir Schreie der Ohnmacht entlocken, lüge sie an, sie verdienen es nicht anders, aber verschone meine noch glaubwürdige Seele. Dein abgebrühtes Herz soll sich nicht an meinem erwärmen. Ich habe dich aufgehoben, aber du wolltest wieder hinfallen, jetzt bleib liegen. Ich werde wieder an meine Arbeit gehen. Sie ist produktiver, du Schlampe. Weh tut es trotzdem.

Illusion

Deine Laster will ich bis zum Himmel hinunterpeitschen und Narben der Wollust auf deinen Körper zeichnen.
Eines Tages lasse ich keinen mehr an meine Schönheit heran, dachte sie, die Erinnerungen begannen zu pulsieren, wenn ihr doch wieder solch ein Augenblick der alles vereinenden Versuchungen begegnete, würde sie sich dem kaum verweigern. Ihren Verstand wieder in ihre Brüste vergraben, um ihr Kommen flehen, so daß nichts mehr bleibt, nur ein Zittern in ihren schimmernden Augen, ein Atem, ein Schrei und ein Schweigen. Sie, die in der Hölle geboren wurde, verschwendete ihr Verlangen an die, die nicht aus der Hölle kommt, an die, die sie nicht ist, um zu leiden es sich lohnt. Aber für Tage war ihr Leid Schönheit, Zorn, Verfluchungen, Schenkel ihrer Tristesse, Ausbruch der Sinnesfluten. Was waren deine Blicke, wenn du nicht eilst, dich in mir zu finden. Erscheinungen dieser Nächte begruben ihr ganzes Denken, Verzehrungen pflanzten sich in ihr Fleisch, Minuten, aber welch ein Rausch, kein Trunk machte sie trunkener als ihre Lust, der Duft ihres Körpers verdunkelte ihren Blick. Trotz vieler Augen, die sie blickten, suchte sie nur ihr Licht, ihre Melodie, Musik verlorener Rhythmen, aus Tiefen, die kein Herz ihr eigen nennt. Aus einem Bach ist sie tief in ihr Meer gestürzt.
Das Fallen der schweren leeren Tränen für nichts mehr ließ sie mit einem schrecklosen Aufschrei aus ihren Träumen hochspringen, sie ging mit kaum wahrnehmbaren Schritten zum Fenster, Kinder spielten im Hof, der Stummel einer zertretenen Zigarette begleitete sie mit langen Zügen durch ihre kurzen Gedanken. Ihre Blicke begegneten dem Himmel.

Renée Zucker

ich, mephisto und gretchen

zum ersten mal sah ich SIE im hebbel-theater. goebbels und harth lieferten ihren musikalischen beitrag zum preußenjahr. in der pause ging uli zur bühne um mit ihnen zu plaudern. irene und ich nölten in den bänken rum und finden gerade noch den saal als veranstaltungsort für revuen oder konzerte gut; wie das eben so ist, wenn man renitent drauf ist. diese musik ist uns auf jeden fall viel zu intellektuell ...
»sag mal, bist du nicht der uli?« – ich sehe SIE nur von der seite, wie SIE lächelnd auf meinen freund zugeht. eine ältere, gutaussehende dame im leopardenmantel (also, mit dem älter, das stimmt natürlich so nicht. allerdings – älter als ich ist sie schon.)
uli setzt sein charmantes strahlemäxchen auf, ich knuffe irene in die seite und übe den hypnotischen blick. wie er aufblüht, mein uli, und wie er wieder so gescheit daherredet – ich schnappe nur satzfetzen auf. er setzt sich mit IHR in die reihe vor uns. eine gute gelegenheit für irene und mich, an IHREM mantel zu zupfen, ob der etwa aus echtem fell ist. ab und zu äffen wir ulis gesten und mimik nach, wenn er guckt. wenn er überhaupt guckt. er ist so ungeheuer intensiv im gespräch.
ein paar tage später taucht SIE auf dem tempodrom auf. ich sehe uli mit IHR auf einer bank sitzen und stoße dazu, um SIE aus der Nähe und mal von vorne anzuschauen. aber irgendwie krieg ich das gesicht nicht rein. eigentlich steht mein freund auf dem kessen schülerinnentyp. das ist SIE nicht. geschmackvoll gekleidet (später einmal sagt gudula »sie ist eine von den frauen, die sich einen Sack umhängen können und dann immer noch toll aussehen.« (so eine ist SIE also ...) ein schmales, nicht uninteressantes gesicht – vielleicht eine spur leidend, der ausdruck etwas verdeckt hungrig, aber das mag an dem leichten vorbiß liegen. keine lolita, eher der neurotische sex von faye dunaway. schöne schmale hände, die schon mal das eine oder andere gesagte mit weichen bewegungen unterstreichen – aber, was macht SIE mit den Augen? die suchen so oft die worte am wolkenlosen firmament ...
man spricht über den neuen deutschen film. was mein freund

dazu zu sagen weiß, kenne ich schon – was SIE sagt, ist mir zu »ah ja, sehr interessant«. SIE ignoriert mich. ich gehe.
ich kenne sie schon, die begegnungen mit dieser art von frauen: mögen sie mich, bete ich sie an, liebe ihre zarte verletzbarkeit und die schönheit der schlummernden leidenschaft. bin ich ihnen egal, überkommt mich der zwang zu schnoddern, meine sprache wird grob, meine gestik eckig und ich setze bulette gegen jasmin-tee.

mein busen fängt mir an zu brennen! entfernen wir uns nur geschwind.

bei irene im wohnwagen. ich schaue aus dem fenster, schon wieder SIE! SIE lächelt, unterstreicht, sucht wieder am himmel rum ... SIE kann ihm ins gesicht lächeln, wenn ich das tue, muß ich immer hochschauen. SIE ist größer als ich, schlanker, femininer, eine richtige frau.
jetzt geht er mit IHR in unseren wohnwagen. das geht zu weit. zittrig und trotzdem kampfeslustig flitze ich rüber. SIE sitzt in unserem einzigen sessel mit dem rücken zu mir und liest meinem relaxed auf dem bett liegenden freund was sensibles vor. ich krame geräuschvoll im schrank. »mensch uli, guck mal, hier ist die pickelcreme für deinen hintern. die hast du doch gesucht.« der grinst »prima« und behauptet später, SIE habe geschmunzelt. über mich oder seine pickel?

wo ich ihn nicht hab, ist mir das grab, die ganze welt ist mir vergällt.

es ist eine zeit, in der wir wenig bis überhaupt nicht vögeln, was aber nicht heißt, daß es mir egal wäre, was uli mit wem macht. ganz im gegenteil – sind wir gut zusammen, komme ich gar nicht auf die idee, daß er lust auf andere frauen haben könnte. aber in den kühlen und gleichgültigen tagen bedroht mich jede begegnung dieser art: auch wenn ich nicht will, soll es doch keine andere kriegen. das ist eine frage der macht.

die mädels sind doch sehr interessiert, ob einer fromm und schlicht nach altem brauch; sie denken, duckt er da, folgt er uns eben auch.

so krame ich in meinem scheinbar so reichhaltigen waffenarsenal, um den besitz vor dem feinde zu schützen, und finde doch nur erpressung (wenn du da heute abend hingehst, hau ich auch ab und lasse das kind allein), spottende und provokante kränkung (du gehst doch da nur hin, um dir das zu holen, was du von mir nicht kriegst – bestätigung, was für'n charmantes und schlaues bürschchen du bist) und leiden (bitte, geh jetzt nicht, mir geht's so schlecht).

meine ruh ist hin, mein herz ist schwer; ich finde sie nimmer und nimmermehr.

an einem abend will er zu IHR gehen. nach durchspielen aller aufgeführten varianten, ihn zu hindern, versuche ich ihn festzuhalten. dabei gehen, wie so oft, hemden, hosen und jacken kaputt. die reihenfolge bleibt immer die gleiche: er versucht sich loszumachen, je nach laune lachend oder drohend, ich halte zerrissene kleidungsstücke wutschäumend in der hand, er zieht sich was neues an, ich schmeiße mit nächstliegenden gegenständen, er wird langsam sauer, drängt mich in eine ecke, ich trete, beiße, und schon sind wir in der besten prügelei. irgendwann sitzt dann jeder in einer freien ecke, um uns herum das totale chaos, ich heule, er leckt seine wunden.
geht er danach nicht mehr, folgen stundenlange gespräche. geht er doch, habe ich zumindest die befriedigung, ihm einen abend versaut zu haben.
und doch –

sein hoher gang, sein' edle gestalt, seines mundes lächeln,
seiner augen gewalt,
und seiner rede zauberfluß, sein händedruck, und ach sein kuß!

ich stelle mir vor, wie sie sein mögen – beieinandersitzend,

aus geschliffenen gläsern champagner trinkend, wie IHRE schmalen finger die braunen, langstieligen m-zigaretten halten und wie die erotische spannung ihre so niveauvollen gespräche umkringelt. ätzend!
uli zieht vom platz weg in eine wohnung. ich bleibe. verbringe die tage und nächte mit freundinnen.
lerne gudula kennen. bei einem besuch erscheint ein mann bei ihr, der ihr auto repariert hat. IHR name fällt. das alte kloß-fällt-vom-hals-in-brust-und-bleibt-da-liegen-gefühl würgt mich. er ist IHR freund, lebt nicht hier und die damen sind miteinander befreundet. so so!
ich treffe uli nachmittags. er sieht sehr gut aus. ich habe lust, die nacht bei ihm zu verbringen. »komm aber erst nach 12, ich wollte noch fußball gucken.«
ich komme um 12, das zimmer ist leer, der fernseher läuft. er sitzt in einem anderen raum und telefoniert. ich setze mich dazu und versuche, an seinem ton herauszufinden, mit wem. seine stimme ist leise beruhigend, ein wenig pastoral und liebevoll. wahrscheinlich seine mutter. im bad weiterlauschend zweifle ich dann doch. er spricht von leuten, die seine mutter doch gar nicht kennt – straub, farocki, sanders ... SIE schon wieder!
ich muß nach 12 kommen, damit er in ruhe fußball glotzen kann, und für SIE geht er sogar aus dem zimmer, um unabgelenkt zu telefonieren. »dauert das noch lange?« eine handbewegung, ein achselzucken – kommt drauf an, kann sein.
raus – die tür schmeißend, fahre mit dem auto bis zur nächsten ecke, wieder zurück, die treppen rauf, zur tür. er hat aufgehört zu telefonieren. ich schreie rum, dann: »ach scheiße, ich wollte mir eigentlich einen netten abend mit dir machen, komm, wir gehen erst mal ein bier trinken.«
»das ist aber schlecht. jetzt hab ich mich gerade mit IHR verabredet, du bist so schnell wieder abgehauen.« päng!
»gut, dann komm ich eben mit!« »das tust du nicht.« »kannst du mich doch gar nicht dran hindern. ich verspreche dir sogar ein gepflegtes theater in der kneipe.«

hemd kaputt, neues an, er schubst mich von der tür weg, geht, ich hinterher, steige hinten ins auto, losfahren – im auto geht's weiter – »ich geh mit rein.« »nein.« »doch.« – wir stehen vor der kneipe, da geht SIE vorbei, zögert, will weitergehen, bleibt doch stehen, schaut ins auto – er ruft raus: »geh schon mal vor, ich komm gleich nach.« ich keife irgendwas unverständliches hinterher, bin erschöpft. er verspricht, in einer dreiviertelstunde wieder zuhause zu sein. ich fahre zurück, rauche, trinke kaffee, beobachte die uhr –

nach ihm nur schau ich zum fenster hinaus, nach ihm nur geh ich aus dem haus.

genau nach einer dreiviertelstunde fahre ich wieder los, immer wieder in großen schleifen an der kneipe vorbei. bin mir der lächerlichkeit der situation sehr wohl bewußt, mittlerweile aber so auf speed, daß ich gar nichts anderes zu tun wüßte.
wieder zurück, bleibe vor dem haus im auto sitzen, rauche und schaue in den rückspiegel – nach einer halben stunde kommt er – SIE hat ihn die dreißig meter gefahren. hat SIE mich im auto sitzen sehen? mein gott, wie peinlich!
ich erzähle gudula von dem abend. sie hatte es schon von IHR vernommen und zitiert IHRE überlegung, ob SIE sich wohl irgendwie falsch verhalten habe . . .
frauensolidarität oder was?! trotzdem bin ich ein wenig versöhnt und gehe an einem der nächsten abende zu IHR in der kneipe, zupfe SIE am ärmel IHRES leopardenmantels und sage, daß es mir leid täte und daß SIE ja gar nichts damit zu tun hätte (so'n quatsch! aber es war so eine art mutprobe). SIE reagiert kühl und zurückhaltend und wendet sich wieder IHREM gesprächspartner zu. schade. gudula ist böse. »sag mal, wieso hast du ihr das denn gesagt, was ich dir erzählt habe. sie hat mich heute angerufen und war unheimlich sauer.« heißa! das karussel fängt an, sich zu drehen. SIE erzählt uli was, der mir, ich gudula, die IHR . . . meine bösartige freude

an intrigen wechselt mit panik. ich bin dem nicht gewachsen. ich bin nicht cool genug.
gudula sagt: »laß ihn doch hingehen. männer brauchen so was, das ist dann ihr emotionales kuschelplätzchen.«
außerdem schimpft sie auf ihn, hält ihn für schlitzohrig und unehrlich sowohl IHR wie mir gegenüber. »er ist ein klatschweib«, sagt sie.
»du mit deiner gudula, die geht mir langsam auf den wecker, diese falsche ätzbraut, frau lorätz.«
»was dem einen sein lorätz, ist dem andern sein ätzschmid.«
was will ich eigentlich? weiß nicht. ein ebenso heißer wie schrecklicher sommer. krach mit irene, höre auf, in deren betrieb zu arbeiten. schläfere meinen hund ein, alle möglichen krankheiten wechseln sich ab, ich lasse mir von idiotischen atemtherapeuten auf der brust rumtrampeln, gehe zu uli in die wohnung – nichts geht mehr.

wer fühlet, wie wühlet der schmerz mir im gebein?
wohin ich immer gehe, wie weh, wie weh wie wehe
wird mir im busen hier!
ich bin ach kaum alleine,
ich wein, ich wein, ich weine.

ich gehe für ein paar tage zu gudula aber ich kann ihr das nicht erklären, wie es mir das herz zerreißt, wenn sie ihn so abtut. und dann noch ihre freundschaft zu IHR ... muß wieder weg. wir treffen uns seltener, funkstille... kurze briefe gehen hin und her, aus denen gekränktheit und bedauern spricht.
habe ich gudula geopfert, um uli zur aufgabe seiner freundschaft mit IHR zu erpressen?
monika veranstaltet »cassiber« in der music-hall. gute stimmung. viel zu rauchen, sekt, alles easy. da kommt SIE rein. ich bin zu bedröhnt, um mein fallen zu stoppen. monika kippt mir gleich drei schnäpse hinterher. »wo ist die braut, die schmeiß ich sofort raus.« ich muß heulen, lachen, pissen und kotzen gleichzeitig.

die musik. uli und ich stehen in der disco, um besser sehen zu können. SIE sitzt direkt neben der bühne, ein wenig scheinwerferlicht fällt auch auf SIE. na? heute sehen wir aber gar nicht gut aus. hoffentlich geht's uns richtig schlecht. da geht's mir gleich viel besser. genüßlich schlürfe ich mir IHREN anblick rein: nicht mehr so attraktiv und gepflegt, nein heute sieht man auch das altern, das gesicht nicht schön schmal, eher wie ein totenschädel, und auch die haare umrahmen es nicht wie sonst in liebkosenden wellen – sie fallen strähnig und fettig herab.

erkennst du mich? gerippe! scheusal du – was hält mich ab, so schlag ich zu.

irgendwann sitzt SIE nicht mehr da. mein ist die rache.
uli: »ich bin's jetzt leid. du mußt der mal gegenübersitzen und mit IHR reden, damit die mal ihren mythos verliert.«
er geht zu IHR. ich komme zwei stunden später dazu, ein wenig zu offensichtlich aufgemotzt und geschminkt. SIE trägt schlabbrige trainingshosen, kocht espresso, hat nur saure milch und keinen zucker. »wir süßen nur mit honig.« auch das noch!
uli zeigt mir ein kinderbild IHRES sohnes, ob der nicht ähnlichkeit mit unserem habe? – überhaupt keine, das fehlte noch!
SIE sagt, SIE hätte das gespräch lieber ohne uli geführt – warum hat SIE das nie versucht – SIE stehe nicht auf paare. SIE habe für sich die entscheidung getroffen, allein zu leben. – soll SIE machen. SIE suche keine beziehung, schätze aber uli als gesprächspartner und wolle darauf nicht verzichten – aber doch nicht ohne meine einwilligung – SIE tut überrascht ob meiner angst und wut – das halte ich für eine lüge, ich kenne keine frau, die das nicht mitkriegt. – alles bleibt aber im höflich-konventionellen rahmen. einmal wird es spannend – ich sage: »hör auf mir zu erzählen, wie harmlos das alles ist, ich weiß, daß du uli schon gebeten hast, die nacht bei dir zu blei-

ben.« aber SIE ist gut. ich kriege SIE auch so nicht. kein zögern, kein flattern, wirklich souverän. »das ist eine frage der situation und von zwei leuten ausgehend, nicht nur von einem.« sehr gut, meine dame, wirklich saugut, ich wünschte, ich könnte das auch. wir gehen. ich habe SIE seitdem nicht mehr gesehen.
neulich hat uli mit IHR telefoniert. ich habe neulich mit gudula gesprochen. sie fragt augenzwinkernd, ob ich nicht lust hätte, was über eifersucht zu schreiben . . .
geht jetzt alles wieder von vorne los?
zum ersten mal sah ich SIE im hebbel-theater.

Dore Fischer

Jaluzifa Raffka Toxika

Es war einmal eine Hexe, die hieß Jaluzifa, mit vollem Namen Jaluzifa Raffka Toxika, und wohnte in einem großen Wald am Rande der Welt.
Jaluzifa war keine ausgesprochene Schönheit, zumindest nicht im herkömmlichen Sinne: sie hatte nicht nur zwei, sondern vier riesige, überscharfe Adleraugen, die sie beliebig weit nach allen Seiten drehen konnte; an den Schläfen wuchsen ihr auf zwei Stielen Extraaugen, die sie hoch ausfahren konnte, damit sie alles sah und ihr nichts – absolut gar nichts – entging. Ihre großen Löffelohren waren auf Gelenken befestigt, so daß sie diese in alle Richtungen drehen und so alles (und noch mehr) hören konnte. Ihr Hals bestand aus einer Spirale; sie konnte so auch ihren ganzen Kopf beliebig weit drehen: Jaluzifa sah und hörte alles!!
Ihren zweiten Namen, Raffka, hatte sie wegen ihrer großen, schaufelartigen Hände, die an kräftigen Armen saßen. Mit diesen Geräten konnte sie wunderbar um sich grabschen und klammern und letztlich andere ersticken oder vergiften (daher kam auch der dritte Teil ihres Namens).
Jaluzifa war eine leidenschaftliche Frau. Sie hatte ein überaus inniges Liebesverhältnis zu einem anderen Bewohner des Waldes, dem Teufel Geiferlust. Wenn der Teufel zu Besuch kam – und er kam oft und gerne –, dann trieben es die beiden so heftig miteinander, daß es Jaluzifa aus der Nase qualmte. Es war eine Wonne!! Und ihre Suchtlust, Lustsucht kannte keine Grenzen ...

Jedoch, eines Tages – wie das Leben so spielt – verliebte sich der Teufel in eine andere Hexe, die am anderen Ende des Waldes wohnte und blieb fortan der Jaluzifa fern.
Die arme Jaluzifa wußte nicht, wie ihr geschah. Das Leben ohne ihren Teufel war gräßlich, greulig und unerträglich. Vor Kummer fiel ihr das Extrapaar Augen ab, die Ohren und Hände schrumpften auf Normalgröße zusammen, aus ihrer Nase qualmte nichts mehr. Sie war ganz allein mit ihrem großen Kummer und wurde schließlich krank. Sie

glaubte, bald zu sterben, und der Gedanke an ihren Tod schien ihr eine Erlösung von ihrer Qual zu sein.

Wie sie so eines Tages traurig und einsam durch den Wald lief, traf sie plötzlich auf eine große Gruppe von kleinen Teufeln, die sie fröhlich johlend umringten. »Wie heißt du?« fragte sie einer der Teufel. »Ich heiße Jaluzifa, und du?« »Ich heiße Aggressimov!« schrie dieser fröhlich und zupfte an Jaluzifas Haaren. Die anderen Teufel hießen Furz und Feuer, Lust und Lüge, Kolerikus und Koitus, Wonne und Wollust, Pups und Power.

Sie nahmen Jaluzifa mit auf ihr Schloß, und hier lebte sie glücklich und leidenschaftlich. Und wenn sie nicht gestorben ist, dann qualmt sie heute noch.

Pina Twist

Eine lange Rätselnacht

Angefangen hat alles mit einem Telefonanruf. Ist Martine da, fragte ich Isa, ihre Mitbewohnerin, es war schon nach Mitternacht. Um diese Zeit hätte sie längst schon zu Hause sein müssen. Vielleicht war sie aber auch gerade noch unterwegs mit den anderen Musikerinnen in der benachbarten Pizzeria auf ein Glas Bier, und ich mache mir jetzt schon das 123. Mal unnötig vorab Gedanken, wo sie heute hätte stecken können. Warte mal, sagt Isa, ich schau mal nach. Nein, sie sei noch nicht da, aber sie wolle ihr von mir eine Nachricht hinterlassen. Nach zwei Stunden war immer noch nichts zu hören. Ich starrte schon ständig aufs Telefon. Hat es eine tiefere Bedeutung, daß sie mich jetzt nicht zurückruft? Sollte sie etwa immer noch nicht zu Hause angekommen sein?

Langsam wurde ich nervös. Ich rief erneut an. Schon das letzte Mal hatte mir zu Rätseln Anlaß gegeben. Nein, sie sei immer noch nicht da.

Aha, denke ich, dann kann sie nur bei Sonja stecken. Ist es denn sehr dringend, Pia? fragte mich Isa schon etwas besorgt. Ja, ja, ja natürlich, ich muß sie noch heute nacht sehen! Drum rufe ich doch auch so ungeduldig an, gab ich zu verstehen.

Diese Schlange! Biest. Na warte! Du kannst was erleben! Ich rrrrrrrraaaaseee innerlich! Daß ich sie jetzt nicht erreiche! Es kann sich zum Alptraum auswachsen:

Alles, was ich von nun an denke, alles, was mir durchs Hirn schießt, ist nur die eine Wahnvorstellung: Ich komme zu spät. Sie steht schon da mit der anderen. Das macht mich schier handlungsunfähig. Immer wieder hämmert sich mir der Gedanke in den Schädel, immer wieder stelle ich mir sinnlos-nichtige Fragen: Welche Rolle spielt Sonja für sie? Warum, warum, warum tut sie das?

Ist sie mit ihr verabredet, verliebt sie sich, treffen sie sich heimlich?

Ich lege mich hin, beginne ein aufgeschlagenes Buch zu lesen, zwecklos, ich bin völlig durcheinander. Oftmals kam es bei Martine gar nicht zur ersten Verabredung, vielmehr ging sie mit der Neuen sofort in die Federn. – Naja, eigentlich hätte

ich's mir ja auch gleich denken können. Zu dumm auch. Sie hat eben eine enorme Anziehungskraft auf Frauen. Und wenn schon! Soll sie doch! Biest! Nein, soll sie sich doch mit dieser dumm-häßlichen Nudel langweilen! Warum es aber ausgerechnet Sonja sein mußte, ist mir in der Tat unbegreiflich.
Wie sie sich wohl begrüßen, zu ihrem ersten Rendezvous, ich versuche es mir vorzustellen, es ist höchst simpel:
Endlich, da ist sie, denkt Sonja, kaum daß es an der Tür klingelt, springt sie aufgeregt wie ein Hase hin. Nur einen Spalt öffnet sie die Tür, vermutlich so wie ich, um nachzuschauen, ob es Martine auch wirklich ist. Tatsächlich, da steht sie nun leibhaftig vor ihr. Donnerwetter, wie schön sie aussieht, Gott, so schön wie ein Traum. Strahlendes Lächeln liegt auf ihren Lippen, die Augen blitzwach und ihre Haare stehen wie eine Löwenmähne. Frivol-fröhlich fällt sie Sonja um den Hals, schon an der Tür packen sie sich fest umschlossen zum Kuß. Ich kenne sie. Ich habe Martine oft genug beobachtet, wie sie andere Frauen begrüßt. Drinnen dann hat Sonja schon alles zurechtgedeckt: Tee, Knabberzeug, vielleicht tafeln sie sogar noch ein richtiges Mahl, als orales Vorspiel für das kommende große Vergnügen.
Martine hat Sekt mitgebracht. Martine bringt immer Sekt mit, süßen Sekt. Naja, ist ja auch egal. Zig Kilometer von mir entfernt, glaubt sie sich entrückt von dieser Welt und schließt die Augen zum innig langen Kuß. Sonja trägt zur vorgerückten Stunde natürlich ein knappes Herrenhemdchen, das rein zufällig grad mal bis über den Po reicht, und plappert ein wenig nervös daher. Martine ist schon gierig wie eine Hyäne, aber sie hört Sonja noch aufmerksam zu. Martine hat keine Ahnung von dem, was ihr Sonja erzählt, oder aber sie fachsimpeln über fototechnische Aufnahmen oder ähnliches, sie sind ja beide darin sehr versiert. Ich kenne Sonja nur vom Sehen, ein dummes einfältiges Gesicht, ihre Schultern hängen so, als sei sie permanent deprimiert.
Wie Martines Augen begehrlich funkeln, und Sonjas Blick erst! Wahrscheinlich hat aber Martine die rechte Mischung,

um Sonja zu verführen ... eine Mischung aus feinfühliger Spontaneität und zügellos dynamischer Leidenschaft. Was für eine Frau! Was für ein Temperament! Sie ist einfach überwältigend!
Bald küssen sie sich, ja sicher jetzt schon. Lange Schmuseküsse, die immer wilder werden vor Verlangen. Halstiefe Zungenküsse, engumschlungen wälzen sie sich halbnackt auf Sonjas Teppichboden.
Ich gehe zwischen meinen Vier-Beton-Wänden auf und ab. Diese Zimmerenge ist beklemmend! Unwillkürlich tauchen Bilder auf:

Kerzenlicht auf zwei verschwitzten Gesichtern, Martine und Sonja, ihre neue Errungenschaft, schmelzen dahin. Sonja groß und schlank gewachsen, grad so, wie es Martine liebt, mit mahagoniglänzendem Haar. Im Halbdunkel orgiastische Gefühle, heißer Atem und wollüstige Begierde bis aufs äußerste. Zartes Schenkelfleisch unendlich langer Beine, kleiner behaarter Frauenschoß, Perlmuttglanz, und auf der Zunge zerfließt warme, klebrigsüße Liebessoße.

Ich öffne meinen Hosenknopf, fahre mit der linken Hand über meinen Unterbauch. Ein bißchen kugelig ist er heute schon. Mein Schoß ist warm, nein, zur Onanie fehlt mir die geringste Lust. Jetzt erst recht nicht!
Mit Nichtlust im Leib setze ich mich zurück an den Schreibtisch. Das wird eine schlaflose Nacht, denke ich und stütze meine schwere Stirn auf die Fingerspitzen. Tja, Pia, Pech gehabt, wirklich Pech. Das wird eine lange kalte Nacht für dich, eine wildheiße für Martine!
Ich stopfe mir ein paar schwarze glitschige Backpflaumen aus der Tüte in den Mund. Was habe ich schon mit ihren Eskapaden zu tun. Hatte ich nicht bis vor kurzem auch ständig flüchtig wechselnde Sexgeschichten? Schon, aber das, was Martine tut, verletzt mich zutiefst. Es ist verrückt: Noch ein paar Stunden und es ist draußen hell. Mein Blick ist nach innen gerichtet. Ich lege mich zusammengekrümmt unter die Bett-

decke, überlege, was ich am kommenden Tag zu erledigen habe.
Es ist keiner da, ich wohne seit acht Jahren allein. Es ist still, meine Fenster zeigen zur Hauptverkehrsstraße. Noch ein paar Stunden, dann wird der Straßenlärm unerträglich. Nächsten Monat ziehe ich hier aus, eine andere Wohnung habe ich schon.
Ich versuche mich zu entspannen, lausche meinem Atem. Wenn ich jetzt sterben würde, einzig durch Luftanhalten? Mir wird bange, ich liebe mein Leben. Den Tod fände ich tragischer als die triumphierende Vorstellung über Martines Trauer. Mein Tod, etwa Selbstmord, wäre für sie unglaublich schmerzhaft, das weiß ich.
So, so, denke ich nach all dem Selbstmitleid spöttisch, so größenwahnsinnig bist du, so wichtig nimmst du dich also! Gut so! Eine Selbstmorddrohung nähme sie mir nie ab! Ist das nicht schrecklich? Nie könnte ich sie damit erpressen!
Aaaaaaaaahhh! Wie ich die beiden stöhnen höre! Könnte ich doch ihre Körper voneinander lösen, auseinander zwingen! Beide würde ich am Schopf packen, am Boden entlangschleifen, durch all den Dreck und Kot, der auf der Straße liegt!
Sie aber vögelt weiter, sie hört mich nicht. Mein Rufen, Klagen, mein Kopfzerbrechen hilft nichts. Ich brauche Ablenkung, zumindest für die nächsten Stunden.
Musik, das tut wohl, das ist harmonisierender Balsam für meine geschundene Seele.
Morgen, denke ich, morgen erzählt mir Martine wie schon so viele Male nach durchtollten Nächten, sie habe ihre Goldmünze verloren. Sie sei unauffindbar, wo sie doch noch gestern sicher im Ohrläppchen hing. So was aber auch!
Ich schalte das Zimmerlicht aus. Um mich herum ist völlige Finsternis. Meine Augen behalte ich jedoch so lange auf, bis ich die Umrisse vertrauter Einrichtungsgegenstände wiedererkenne.
Ob sie wirklich mit Sonja gevögelt hat? Bestimmt, sie findet ja immer schnell und problemlos zu jeder Frau körperinten-

siven Kontakt. Wichtig ist für sie der knisternde Moment, der vorerotische Augenblick. Dann geht sie gleich aufs Ganze. Natürlich denkt sie nicht eine Minute lang an mich, ich denke ständig an sie!

Außerdem wittere ich Gefahr: was nämlich jetzt wie eine harmlose Sexgeschichte aussieht, kann sich später immerhin noch als handfeste Beziehungskiste entpuppen! Das beste Beispiel sind wir selbst seit fünf Jahren.

In meinen Träumen stürze ich in das Zimmer meiner Nebenbuhlerin, ziehe mit der Rechten geschwind ein Messer aus der Manteltasche und gehe voll auf sie los. Weitaufgerissen sind meine Augen, starr mein Gesicht. Martine aber wehrt sich nicht, sie fürchtet mich nicht. Dennoch steche ich auf beide ein. Mehr noch: mit geballten Fäusten und aller tobenden Wut und Kraft stoße ich wie eine Boxerin in Martines Bauch. Sie ist jedoch unverwundbar. Ich kann selbst auf sie schießen, es tut ihr nichts, sie bleibt am Leben, unverletzt.

Ich weiß, es ist absurd, geradezu trivial, aber was soll ich nur tun?

Sie hat immer noch nicht angerufen.

Soll ich stillhalten, abwarten, wie sich eine tragfähige Beziehung zu der anderen entwickelt? Nein. Meiner Ungeduld wachsen Füße, ich werde es heute noch zu verhindern trachten. Ich will jetzt endlich zum Haltepunkt kommen. Ihre Alternativaffären lasse ich mir nicht mehr länger bieten! In der endgültigen Trennung sehe ich die einzige Notbremse auf dieser unbezwingbaren Achterbahn der Gefühle.

Für mich ist klar: der Lack ist ab. Es schmeckt nach fadem ausgekautem Kaumgummi. Geflissentlich werde ich noch an einige atemberaubende Augenblicke denken, gewiß, aber der gegenwärtige Trümmerhaufen einer heillos zerrütteten Liebe versperrt mir den Ausblick auf eine beständige Zukunft.

Wie niederträchtig von ihr! Ich ihre Teilzeitliebe auf Abruf! Eine unter ›ferner liefen‹. Irrtum, Darling! Nicht mit mir! Damit ist jetzt Schluß! Aus und vorbei, hörst du!

Vielleicht schreibe ich ihr dann, wenn ein bißchen Moos über die Sache gewachsen ist, überraschend ein Gedicht. Ein kurzes, treffsicheres wie dieses etwa von Paul Celan:

»Auf überregneter Fährte
kleine Gauklerpredigt der Stille
Es ist
als könntest du hören
als liebt ich dich noch immer.«

Erst wenn wir den Fängen der Gewohnheit entronnen sind, wird es uns gelingen, aufeinander zuzugehen. Ohne Ressentiment, ohne Verzweiflung, ohne das naßverheulte Gesicht. Daß Martine die Nacht bei einer anderen verbringt, ist, schlicht gesagt, nicht die erste Herausforderung. Ha, welch beneidenswerte Geschöpfe, die sich da nur einen begehrlichen Blick zuwerfen, und schon landen sie im Bett!
Für ein paar Stunden schlief ich ein. Nach dem ersten Augenaufschlag wählte ich die Nummer meiner Herzdame. Wir redeten nicht lange, ich fuhr gleich los zu ihr, zu meinem androgynen Darling Langbein.

Monika Schulz

Entscheidung

Jetzt würde der Film noch eine halbe Stunde laufen. Dann wäre es zehn Uhr. Dann könnte sie auf jeden Fall gegen elf Uhr bei Ellis sein. Sie würde sich nur schnell umziehen, schminken, eine Taxe rufen – und los.
Ellis würde Augen machen! Wie SIE da plötzlich vor der Türe stand! Daß SIE sich das getraut hatte! Mitten in der Nacht – und dann noch im langen, schwarzen Abendkleid.

SIE blickte zu Sarah. Die trank ihr zweites Glas Sekt, war ganz zugewandt heute abend. Legte sogar manchmal die Hand auf SIE.
Sie schauten zusammen den Krimi im Fernsehen an.
»Samstag abend daheim« – – – und Ellis feierte heute ihre einjährige Freiheit! Die eigene Wohnung, die Trennung vom Mann – alles mögliche, woran SIE auch mitgewirkt hatte.

Vorhin hatten sie miteinander telefoniert – als Sarah in der Badewanne lag. Das war ein komisches Telefonat gewesen. Ellis hatte nur von ihrer Arbeit geredet und wie »prächtig« es ihr gehe und daß sie abends eine Fete mache.
IHR war es bei diesen Schilderungen immer mieser gegangen. SIE wollte hören, daß Ellis sich nach IHR sehnte! Daß sie ganz verzaubert von der letzten Nacht sei, daß sie es kaum erwarten könne, das zu wiederholen!
Denn so waren IHRE Gefühle.
Aber das sagte SIE nicht. Nicht auch das noch.
Schlimm genug, daß IHR rausgerutscht war, wie sehr SIE heute abend bei ihr sein und mit ihr feiern wollte – wenn Sarah nicht . . . Und dann mußte SIE auch noch mit dem Typen anfangen! Und von IHRER Angst, daß er in ihrem Bett schlafen würde. Kaum auszuhalten! Wo blieb die Coole, »Überlegene«? Ellis mußte sich auch bald von IHR bedrängt fühlen! Wollte SIE wirklich immer zuviel? Mehr als die anderen?
Dieses Verlangen nach:
Mehr Phantasie, mehr Faszination, mehr Aufgeregtsein, mehr Wahnsinn, mehr Küsse, mehr Haut, mehr Begehren, mehr

Leben. »Es muß in diesem Leben noch mehr als Alles geben.« SIE hatte ewig das Gefühl, sich bremsen zu müssen. Irgendwie »verhindert« zu sein – oder auch zu werden. Allerdings suchte SIE auch immer diese Frauen aus, die SIE bremsten. Diese mit Angst. Mit so vielen Ängsten vor Gefühlen, vor Nähe, vor Körperlichkeit, vor Liebe. Wahrscheinlich war SIE auch eine von ihnen.
Aber SIE wollte kämpfen! Nicht aufgeben, nicht verzichten, nicht abspeisen lassen mit einem kleinen, lauwarmen Leben. – Ja es war IHR manchmal einfach zu wenig.
Diese Abende: ruhig, gemütlich, vertraut. Um zehn Uhr beendet. Dann, wenn SIE erst richtig munter wurde. Sie wollte mal die ganze Nacht durchtanzen, mit vielen Leuten von einer Kneipe in die andere ziehen, morgens dann gleich Brötchen mitbringen, den nächsten Tag wohlig verkatert sein. Das passierte sehr selten. Meist ging sie eben auch ins Bett. Baute sich ein Nest, hatte ihre Bierflasche daneben und schrieb seitenlange Sehnsucht in ihr Tagebuch.

Jetzt war es kurz vor elf. Noch einige Minuten! Ob Sarah heute auch gleich schlafen gehen würde? Dann hätte sie die »Erlaubnis«. Angedeutet hatte SIE ihr ja vorhin schon, daß da noch eine Fete sei – »von der Uni aus«. Daß SIE da »eventuell« noch hin wolle.
Seit Wochen hatten sie nicht miteinander geschlafen. Und das ganze Jahr über in Abständen von sechs bis acht Wochen. Wenn sie sich das klarmachte, meinte SIE schreien zu müssen.
Der Sekt tat gut! Sie hatte Lust, heute sehr viel zu trinken. Ganz betrunken zu werden, sich fallenzulassen. Vor zwei Tagen hatte sie auch viel Sekt getrunken – zusammen mit Ellis. Sie hatten stundenlang und herrlich miteinander geschmust – noch nicht mit dem ganzen Körper, aber sehr intensiv. Da waren noch zu viele Schranken bei Ellis. Aber auf jeden Fall gefiel es ihr, und sie hatte sich ganz ausgezogen. Wenn SIE daran dachte, wurde IHR ganz heiß. SIE mochte Ellis' Körper sehr. Groß und schlank war sie. Schöne, kräftige

Hände – Klavierspielerhände. Breite Schultern, einen hübsch runden Po, kleine, feste Brüste, mit Mini-Brustwarzen, lange Schenkel – das Dreieck dazwischen blieb noch ausgespart –, herrliche Katzenaugen und einen Mund, der erst in der Tiefe sinnlich wurde.
SIE träumte davon, daß SIE heute wieder all diese Köstlichkeiten berühren, atmen, schmecken dürfte. Zuerst würden ja noch andere Leute da sein. Gut – SIE würde IHREN Fez machen, mitfeiern auf der Party. Aber irgendwann würden sie beide allein sein. Und dann!
Der Film war aus. Sarah sagte: »Gehst du nun?«
SIE schreckte hoch und blickte sie an.
Sechs Jahre lebten sie schon zusammen. Diese »Verliebtheit« war vorbei. Sie kannten sich gut, sie verstanden sich. Ihr Leben war beruhigend. Sie halfen sich, so gut sie konnten. Liebe? Ja, eigentlich schon. Nur dieses Brennen in IHR! Sarah hatte solche Gefühle nicht. SIE hatte schon mehrmals versucht, mit ihr darüber zu reden. »Das ist eben so – der Alltag! Da kann man nichts machen.«
Ahnte Sarah, wo SIE in letzter Zeit IHRE Nächte verbrachte? Es erschreckte SIE plötzlich zu Tode, wenn SIE sich vorstellte, Sarah zu verlieren! Und das konnte relativ schnell passieren. SIE selbst wollte das auf keinen Fall, bei allen teilweisen Frustrationen nicht. Aber Sarah? SIE kannte sie zu gut. SIE wußte, daß Sarah nicht kämpfen würde. »Entweder–oder«, »keine Kompromisse«, Klarheit. So ein Mensch war sie! Es würde auch mit Sicherheit keine blutrünstigen Eifersuchtsszenen geben, dazu hatte sie sich zu sehr unter Kontrolle. Nein – Sarah würde sich zunächst absolut zurückziehen. Und SIE scharf beobachten. (Allein dieser Rückzug würde für SIE Höllenqualen bedeuten! Und dann käme die entscheidende Frage: »Hast du dir nun überlegt, mit wem du willst?« Und wenn SIE nicht sofort und klipp und klar sagen würde: »Ja – mit dir!«, dann würde Sarah ohne zu zögern gehen. Stolz, mit erhobenem Haupte, ohne IHR den kleinsten Zipfel von ihren Gefühlen zu zeigen.

War IHR das die Sache wert? Wollte SIE es darauf ankommen lassen? Was würde Ellis überhaupt davon halten, wenn sie jetzt käme? Würde SIE nicht die ganze Fete stören? Vielleicht war gar nichts mehr los, oder alle waren noch woanders hingegangen? Am Telefon heute nachmittag hatte Ellis zwar gesagt: »Es wäre schön, wenn du kommen könntest« – aber überzeugend hatte das auch nicht geklungen, sondern sehr weit entfernt von IHR. Was wollte SIE überhaupt von Ellis? War es nicht nur reine Körperlichkeit? Und dafür dieses Risiko? (Wobei Ellis tausend Ängste gerade vor dieser Körperlichkeit hatte!) SIE fühlte sich hilflos.

»Ich weiß nicht, ob ich gehen soll«, sagte SIE zu Sarah »Ich hätte schon Lust, aber ... Was meinst du?« Ja, SIE wollte ihre Erlaubnis. – – »Kein Kommentar. Du mußt wissen, was du tust.« – Verdammt, so lief das natürlich immer. Sarah behielt ihre Gefühle für sich, besonders bei Entscheidungen.

SIE spürte die Spannung, die zwischen ihnen lag. Was ging wohl in Sarah vor? Wie weit war ihr klar, was für Absichten SIE heute hatte?

SIE lief ins Nebenzimmer, überlegte fieberhaft. Sarah saß wie unbeteiligt im Sessel und las die Zeitung.

»Du wärst sehr enttäuscht, wenn ich gehen würde – stimmt's?« Das war wirklich nicht mehr als ein – Versuchsballon – aber er traf. Nach einer endlos langen Pause sagte Sarah:

»Es wären völlig neue Sitten – ja.«

Sie tranken den restlichen Sekt aus, umarmten sich.

Nach etwa zehn Minuten ging Sarah in ihr Bett.

SIE holte sich noch ein Bier aus dem Kühlschrank, baute IHR Nest, griff IHR Tagebuch und sehnte sich nach Ellis. –

Katja Schickel

Ruth

Anagramme

Ruth

Der Schlag
trifft ihr Gesicht. Ihr kleiner Kopf knirscht nach hinten. Ihr Körper scheint wegzusacken. Die Kniekehlen geben nach und knicken ab, als stände sie in Watte. Das Kind steht starr; die Augen weit geöffnet. Ein erstaunter Abgrund.
Die Frau schlägt noch einmal. Der Kopf des Kindes schlägt dumpf an die Wand. Ein rasselndes Keuchen. Die herausfordernden Augen aufgerissen. Das Kind taumelt. Sein Blick in die Augen der Frau. Ihre Anstrengung vermischt sich mit den kleinen gepreßten Lauten des Kindes. Als wolle sie den Kontakt zu dem störrischen Kind nicht verlieren, krallt sich die Frau in seine Oberarme, reißt an seinen Haaren und schlägt dann zu.
Die Frau schlägt blind – wie gegen eine Wand.

Durch das Gespinst
feiner schwarzer Äste, die ich vorm Fenster sehe, öffnet sich plötzlich eine Tür. Hinter ihr steht SIE. Die Frau. Das Kind. Im Nichts. Im Dunkeln. Eine warnend erhobene Hand. Ein lockender Körper. Panik legt sich wie ein Schatten auf das Herz, das nicht mehr schlagen will. Panik breitet sich aus: hinten im Kopf, zwischen genäßten Wimpern, verkniffenen Mundwinkeln, in den Kniekehlen, in brennenden Handflächen. Das Herz schlägt irgendwo unten im Körper, der gar nicht beteiligt sein will, so als gehöre er nicht zu mir. Der Schlag geht durch den Körper. Der Schlag brennt auf der Oberfläche der Haut wie eine schal gewordene Erinnerung. Ich trage sie bei mir wie eine Reliquie. Der Schmerz ist ohne Gefühl. Das Blut auf den Lippen verkrustet nicht. Wir haben es gesehen, aber es war nie wirklich da. Der Haß verhallt in einem fernen Dröhnen.

Dieses Kind
ist ein einziger Alptraum. Wenn ich sie etwas frage, antwortet sie mir nicht. Sie ist verstockt und in sich gekehrt, als wäre

sie mit ihren Gedanken ständig ganz woanders. Sie beachtet mich nicht. Nicht meine Liebe. Nicht meine Wut. Sie ist vollkommen gleichgültig. Egal, was ich sage oder tue. Sie treibt mich regelrecht dazu, ihr weh zu tun. Wenn ich versuche mit ihr zu sprechen, verengen sich ihre Augen. Sie beißt auf ihre Lippen und spricht kein Wort. Sie hat das gleiche Gesicht wie ihr Vater. Diese abwägenden Augen und einen immer etwas verkniffenen Mund. Dieses Kind entfernt sich auf eine geheimnisvolle Weise, die ich nicht verstehe. Etwas rollt auf mich zu, unaufhaltsam, aber ich begreife es nicht. Ich sollte mich mit ihr verstehen, aber es gelingt mir nicht. Dieses Kind ist ein wahres Ekel. Wenn ich mit ihr rede, und sie hört mir wieder mal nicht zu, so daß ich anfangen muß zu schreien, wird mein Mund ganz trocken, als würde ich gleich verdursten. Wenn ich sie rufe, ist sie immer sofort zur Stelle, so als hätte dieses Biest schon auf mich gelauert. Ich kann nicht mit ihr sprechen, und sie läßt es auch nicht zu, daß ich sie anfasse. In ihrer Gegenwart fühle ich mich oft beklemmend einsam.
Abends redet mein Mann mit ihr. Er kommt nachdenklich und stirnrunzelnd aus ihrem Zimmer, zündet sich langsam seine Pfeife an und redet dann kein Wort mit mir, als ginge ihn das alles nichts an, obwohl er doch wissen muß, daß sich alles um ihn dreht.
Ich weiß, daß sie lügt. Alle Kinder lügen. Aber sie ist besonders durchtrieben. Er will nicht, daß ich sie schlage. Aber er muß sie auch nicht den ganzen Tag ertragen. Ich weiß ja, daß ich ihr weh tue. Aber ihr scheint das nichts auszumachen. Ich glaube sogar, daß sie mich so lange provoziert, bis ich zuschlage. Sie provoziert mich mit diesem ironischen Grinsen und ihrem starren trotzigen Blick, der mich zur Weißglut treibt. Sie will mich triezen. Ich bin felsenfest davon überzeugt. Wenn mein Mann mit mir schimpft, weil ich sie geschlagen habe, bin ich aufgebracht und verlegen gleichzeitig. Das ist es ja, was dieses Miststück bezweckt. Sie will einen Keil zwischen uns treiben.

Mama
ist eine blonde Frau. Alles an ihr ist schrecklich blaß und blond. Mama hat überall Haare, und sie riecht nach Parfüm. Wenn sie mich schlägt, erstickt mich ein Nebel. Es ist wie Gift, das mir das Atmen schwer macht. Mama verbietet mir alles. Ich soll eine kleine Dame sein. Aber ich will nicht. Es ist so furchtbar langweilig.
Ihre Schläge tun mir eigentlich nicht richtig weh. Ich habe keine Angst vor ihr. Ich beobachte sie genau. Ich lasse sie nicht aus den Augen, wenn wir zusammen sind.
Irgendetwas zieht mich nach unten. Ich falle. Ich will wegrennen, aber ich muß vor ihr stehenbleiben. Es ist wie ein geheimer Befehl. Ich weiß ja, daß sie dadurch immer zorniger wird. Ich weiß auch nicht, warum ich stehenbleiben muß. Sie schlägt mich. Das läßt mich kalt. Ich kann mich nicht rühren. Wie Gummi ist der Boden. Ich schaue sie an. Aber sie versteht mich nicht. Meine Beine sind so schwer. Sie kleben. Werden immer länger. Wollen nicht gehen. Sie haßt mich dafür. Wenn sie gar nichts versteht, soll sie mich hassen. Ich hasse sie auch. Warum mischt sie sich in meine Angelegenheiten? Ich will sie nicht lieben. Sie ist ungerecht und verlogen. Diese blöde Ziege erzählt Papa schlimme Sachen über mich. Papa will nicht, daß sie mich schlägt. Aber sie kann ihn so becircen, daß er ihr glaubt und auf ihrer Seite ist.
Eigentlich beachten mich beide überhaupt nicht richtig. Sie wissen nichts über mich. Manchmal reden sie einen ganzen Tag nicht mit mir. Strafe muß sein, sagen sie. Aber wofür? Warum hilft mir denn keiner? Papa hält auch nicht zu mir. Er hält sich immer raus. Vielleicht hat er Angst vor ihr. Vielleicht ist er auch nur feige.
Und dann schlägt sie mich. Und ich stehe da wie angewachsen. Ihr Gesicht fleht mich an aufzuhören. Es ist ganz verzerrt und häßlich. Aber ich bin einfach da.
Ich bin nicht feige. Sie müssen mich beachten.

Einfach gräßlich
ist sie. Verzogen. Sie muß sich dauernd aufspielen. Und tut furchtbar altklug. Dieses Kind ist richtig bösartig. Ich mache ja alles für meine Familie. Aber dieses Gör vergiftet alles mit ihrer Boshaftigkeit. Ich MUSS sie lieben. Ich bin verpflichtet dazu. Aber ich kann nicht. Auch mein Mann verändert sich, wenn er mit ihr zusammen war.
Wenn ich sie schlage, lächelt sie. Es scheint, als lächle sie. Zwischen ihren verzogenen Lippen dieses weiße Band, das sich um meine Kehle schnürt und langsam festgezurrt wird. Ich weiß nicht mehr, was wahr und nicht wahr ist. Dieses Kind bringt mich aus der Fassung. Sie ist ein Biest. Ich koche, was sie gern hat. Sie quengelt, daß es riecht, was ich koche. Wenn ich aus der Fassung gerate, grinst sie. Frech. Ich habe Angst vor ihren durchdringenden Augen. Wenn sie so dasteht mit ihren weit aufgerissenen Augen, ganz verloren, überkommt mich Angst. Und ich weiß nicht einmal, warum. Ich verliere mich. Ich entferne mich. Wer wird übrigbleiben?
Er liebt mich. Er liebt mich nicht. Er liebt dich. Er liebt dich nicht. Keiner liebt irgendwen. Er liebt niemand außer sich selbst. Wir lieben uns nicht. Er liebt mich. Er liebt mich nicht. Wer liebt mich?
Sie erinnert mich an seine, an meine Vergangenheit. Etwas verbindet sie, was ich nicht habe. Es ist stärker als meine Liebe. Was ich empfinde, ist ihnen vollkommen gleichgültig. Ich denke darüber nach. Seine Gedanken gehen fort von mir. Ich weiß nichts mehr über sie. Ich erreiche ihn nicht.
Ich bin ausgeschlossen.
Ich bin allein in dieser Wohnung –
mit zwei Monstern, die mich aussaugen. Sie sind mir fremd. Ich habe Angst vor diesen Gedanken. Ich ertappe mich dabei, daß ich beide argwöhnisch betrachte.

Geschlachtete Tiere
muß ich essen, obwohl ich gar nicht will. Weißt du, wie man sie umbringt? Ich habe es gesehen. Ich haue dir das Messer oben in den Nacken. Da blutest du aus.
Im Fluß wird eine Leiche gefunden. Das bist du.
Ich warte am Fenster und schmeiße dir Blumentöpfe auf den Kopf.
Und dann höre ich das Klacken der Tür, und sie sagt zu mir: hilf mir mal. Und ich muß den Kühlschrank einräumen, und abends lachen sie über ihre kleine Hausfrau. Und spülen muß ich, denn das soll ich lernen fürs Leben. Und ich hasse das Leben.
Dein Tod berauscht mich. Ich zittere vor Freude. Ich lache. Ich tanze. Endlich! Er macht mir Angst. Ich leide. Mir ist heiß. Mir ist kalt. Bei jedem Tatütata erschrecke ich.
Es tut uns furchtbar leid, aber sie hatte einen Unfall.
Oh, lieber Gott, ich wollte doch nicht, daß sie stirbt.
Sie haben die Leiche am Fluß gefunden. Aufgeschwemmt und bläulichrosa. Wir müssen Sie leider mitnehmen. Sie haben schon einen Verdacht.
Ich steche zu. Am Messer klebt Blut. Es ist mir egal.
Ich sterbe. Sie weinen.
Endlich kann ich ruhig schlafen. Ich kann nicht schlafen, lieber Gott, ich habe doch nichts getan. Ich bin so allein.
Nebenan reden sie über mich. Ich habe Angst. Sie wollen mich loswerden.
Das Messer in meiner Hand richte ich gegen mich. Gegen dich. Gegen alle. Gegen mich. Versuchtes Leben. Versuchter Haß. Versuchte Liebe. Nie zu Ende. Nie zu Ende gebracht.
Eine Einsamkeit, die sich mit niemand teilen läßt.
Ein Schwur auf vergangene Liebe. Nicht einlullen lassen.
Das ist der Tod.
Ich morde. Ich hasse. Jeden Tag. Dich findet man am großen Fluß.
Mich. Dich.
DICH. DICH. DICH.

Ich töte
jede Nacht. Ich liege steif mit dieser lähmenden Klarheit, daß ich es wieder und wieder tun muß. Es ist wie ein böser Traum. Es ist nicht meiner, aber er ist da. Dicke Blutstropfen fallen auf meine Bettdecke, spritzen an die Wand. Niemand sieht sie außer mir. Im Baum vor meinem Fenster lauert der Tod. Ich knipse das Licht an, aber die Schatten verlängern sich in mich hinein.
Freude. Angst. Ich will dir weh tun, weil du mir weh tust. Ich male mir die Qualen aus, die ich nur für dich erfinde. Ich will dir nicht weh tun. Dieses wilde Durcheinander in mir verschreckt mich.
Umarmen. Losreißen.
Losreißen. Losreißen.
Weg! Weg!
Tagsüber lese ich in der Bibel. Es ist schön, religiös zu sein. Ich fühle mich so rein. So schwerelos.
Wenigstens Gott wird mich verstehen und lieben. Ich bade in der Liebe, die ich selber bereits spüre und verströme. Ich fühle mich irgendwie überlegen. Meine Angst verschmilzt mit dieser Liebe, die ich fühle, und ich kann sorglos an den Tod denken, als würde er mich nicht berühren.
Ich vergesse sie und meinen Haß.
Ich bete für sie, als wäre sie bereits tot.
Sie ist tot! Sie ist tot!
Ich bin ihr plötzlich so nah. So nah. Alle Schuld nehme ich auf mich. Ich bin reumütig. Ein liebes, ein liebenswertes Mädchen. Ihre kleine Dame!
Aber sie lebt!

Ruth
antwortete: Rede mir nicht ein, daß ich dich verlassen und von dir umkehren sollte. Wo du hingehst, da will auch ich hingehen; wo du bleibst, da bleibe ich auch. Dein Volk ist mein Volk und dein Gott ist mein Gott. Wo du stirbst, da sterbe ich auch, da will auch ich begraben werden.

Es ist eine wirklich schöne Geschichte. Sie macht mich so traurig. Aber ich bin nicht Ruth. Ruth wurde beschenkt. Sie hatte alles gehabt, war geliebt worden und würde wieder geliebt werden. Sie kann so reden, weil sie und Naëmi sich lieben. Das alles ist ja schon lange her. Wahrscheinlich ist ihre Geschichte auch bloß eine Lüge.

Ich fahre
am Fluß entlang. Immer wieder. Ich rieche das Wasser so gern. Ich finde keinen Platz für mich. Ich bin immer unterwegs. Ich will nicht zu Hause sein. Mein wirkliches Leben findet woanders statt. Aber ehrlich gesagt, weiß ich nicht genau, wo. Ich fahre und fahre. Ich weiß nicht wohin. Um 6 Uhr gibt es Abendbrot. Da muß ich wieder zu Hause sein.

Aber was ist mit dem Glück, dachte ich zuerst, gibt es denn kein Glück?
Es muß eins geben.
Ach das Glück natürlich, das Glück – nun ja.
(Jean Rhys, *Sargassomeer*)

Anagramme

EIFERSUCHT
FREIESUCHT
UFERSEICHT
SUCHTIEFER
TREUEFISCH
SCHUFTEREI
STECHFURIE
FEUERSTICH

Birgit Sodemann

»Ich liebe Dich«

»Ich liebe Dich« – das sagst Du am Morgen
und in Deinem Gesicht sehe ich nur Druckerschwärze
ich lese die Schlagzeile: »Deutsche Männer lieben Brünette«
und mein deutscher Mann liebt mich – eine Blonde.
Liebt er mich? Hinter der Zeitung?

»Ich liebe Dich« – das sagst Du am Telefon
ich höre Deine Stimme, seh' auf die Uhr und weiß:
es ist Mittagspause – in Deinem Büro mit Deiner Sekretärin
der Kaffee und die Küsse schmecken gut.
Liebt er mich? Am anderen Ende?

»Ich liebe schlanke Frauen« – das sagte er am Abend
mein alter, aufgedunsener Körper läßt mich nie meine Kinder
vergessen
doch den gestandenen Seitensprung mit einer schlanken
Brünetten
werde ich ihm nicht verzeihen, dieses Mal nicht.
Oder liebt er mich? Hinter all den Lügen?

Arnhild Lensch

Das runde Kindergesicht

Ich hatte es nicht erwartet, daß sie mich schon am zweiten Tag lobten.
»Wenn das so weitergeht, schmeißt die in einer Woche den Laden«, sagten sie. Ich fühlte mich glücklich und stolz.
Eine Woche später kam ich auch mit der Spülmaschine zurecht und mit der Bügelmaschine und mit der Fleischmaschine. Manchmal schien es mir, als erwarteten sie, daß ich was erzähle. Von der Stadt, wo ich herkam, von meinem Freund, von meiner beruflichen Zukunft. Das nervte mich ein bißchen. Ich antwortete so knapp wie möglich, ging lieber raus und fragte die Gäste, ob sie noch was brauchten.
Sie fragten mich mal, ob ich mit ihnen nach Hamburg zum Einkaufen fahren wollte. Ich sagte »nee« und verbrachte meinen freien Tag lieber mit Baden und Briefeschreiben. Sie fragten mich dann auch nicht mehr, wenn sie wieder nach Hamburg fuhren.
Zu Pfingsten schenkten sie mir eine Schmuckdose. Ich sagte schnell »Danke«, steckte sie in meine riesige Schürzentasche, grinste noch mal und verschwand dann wieder hinter dem Dampf der Spülmaschine. Von den Gästen bekam ich oft Trinkgelder. Einmal kam ein Freund von mir für zwei Tage zu Besuch. Als ich das Mittagessen für die Kinder reintrug, fragten sie mich, ob ich mit ihm zusammenbleiben wolle. Ich zuckte die Achseln. »Kann sein«, sagte ich. Was er denn so mache? »Och, zeitweise malt er ein bißchen.« Ich wischte meine Hände an der Schürze ab und hängte sie an den Haken.
Die Arbeit war ja ganz okay, wenn nur die Leute mich nicht so mit Fragen gelöchert hätten!

Eines Tages kam »die Verstärkung«, wie sie sich ausdrückten. Ich musterte sie von oben bis unten. Sollte angeblich so alt sein wie ich, die Kontaktlinsen sah man auf fünf Meter Entfernung, außerdem war sie mollig und hatte glänzende Haut. Und die sollte ich an meine Spülmaschine lassen?
Als ich ihr die Küche zeigte, blickte sie leicht dümmlich drein,

wie mir schien. Aber ich sah auch, daß in ihrem eifrigen Fragen nach der Arbeit so etwas Freudiges lag.
Dann ging alles ganz schnell.
Im Röckchen und weißen Schürzchen legte sie abends die kaltene Platten auf, während sie von der Gymnastikschule erzählte, wo sie gewesen war. Ich mußte kichern ... Dieser Kloß und Gymnastikschule?!
Doch tags darauf ging sie echt mit den Kindern Fußball spielen, pflanzte im Garten Erdbeeren, und eine Woche später fuhr sie mit nach Hamburg.
Jedesmal, wenn sie zurückkam, hörte ich sie unbekümmert pfeifen und mit einer Leichtigkeit durchs Haus gehen, die sich schwer auf mich legte.
Irgendwann kam sie auch an die Spülmaschine. Ich blickte über die Schulter zu ihr herüber, wie sie die dampfenden Tassen herausnahm, zerdrückte den Wurstrest in meinen Fingern, rannte in den Keller und auf den Boden, während sie Korb um Korb aus der Spülmaschine nahm.
Abends im Bett roch ich an meinen Wurstfingern, knipste das Licht an, dachte daran, wie ihr das Schürzenband gerissen war, kicherte vor mich hin, knipste das Licht aus und schlief ein.
Am nächsten Morgen mußte ich die Honiggläser auswaschen. Die Chefin räumte sie weg. Wir arbeiteten schweigend. Draußen sah ich Anette mit der Wäsche hantieren. Sie lachte und winkte uns zu. Ich senkte den Kopf und nahm die Stahlbürste von der Wand. Die Chefin winkte zurück, und ihr Haarknoten löste sich. Sie steckte ihn wieder hoch, nahm mir ein Honigglas aus der Hand und sagte: »Von Anette können Sie sich mal 'ne Scheibe abschneiden. Die hat das, was Ihnen fehlt.« Dann ging sie mit dem Tablett voll sauberer Honiggläser raus.
Das hatte gesessen. Ich sank auf den Hocker, der hinter mir stand. Der Pummel schaute wieder herein und grinste unbekümmert. Ich ballte die Hände zu Fäusten, grinste zurück, während die Gedanken in meinem Kopf heiß durcheinander-

schossen. Immer wieder hatte ich solche Anettes erleben müssen. Aber so ... – nein, so war es noch nie gewesen!
Mit drei Handbewegungen wischte ich das Spülbecken blitzsauber, bevor ich ins Dorf zum Einkaufen fuhr. Als ich den Berg hinunterrollte, riß der Wind an meinen Locken. »'ne Scheibe abschneiden«, schrie ich laut in die kalte Luft. »Ich werd' euch schon zeigen, daß ich von niemand 'ne Scheibe brauche! Ich will, ich muß so bleiben, wie ich bin!«
In den folgenden Wochen hatten wir wahnsinnig viel zu tun. Achtzig Gäste. Das Haus war voll. Ich verzichtete auf meine freien Tage und machte Überstunden. Eines Abends rollte ich den Wagen mit den Essensresten in die Küche. Anette saß da mit den anderen, sie aßen Eis und lachten. »Und dann sagte mein kleiner Bruder – Nette, warte doch! – Und wie er hinter mir herlief; einfach süß. Das sah etwa so aus ...«
Sie stand auf, spreizte Arme und Beine und versuchte, in dieser Haltung auf- und abzugehen. Die Chefin hielt sich glucksend den Bauch. In diesem Augenblick rollte ich den Wagen weiter. Der Gang war sehr schmal ...
Sekunden später schrie Anette auf, ich nehme an, daß sie sich den schmerzenden Knöchel hielt. Von der Chefin hörte ich einen Laut der Empörung. Dann machte die Spülmaschine einen solchen Lärm, daß ich nichts mehr hörte. Nach einer halben Stunde spürte ich die Chefin hinter mir stehen in ihrem langen, weißen Kittel. Auch jetzt wandte ich mich nicht um.
»Konnten Sie nicht besser aufpassen! Das gibt bestimmt einen Bluterguß«, sagte sie, und es war noch mehr als Vorwurf in ihrer Stimme zu hören. Ich wollte die Achseln zucken und kam mir plötzlich ungeschickt vor. Ein Dampfschwall ergoß sich aus der geöffneten Maschine. Mit zitternden Händen stapelte ich vorsichtig Teller auf Teller.
Ich hörte sie schnaufen und ihre Schritte verhallen.
Es dämmerte schon stark, aber ich konnte noch erkennen, daß Anette sich auf die Chefin stützte. Diese streichelte ihr über die Wange.

Ich mußte mich abwenden. Meine Schläfen hämmerten, aber dann fiel mir ein, daß ich mir von Anette 'ne Scheibe abschneiden sollte, und es wurde ruhig und klar in mir.
Abends vorm Spiegel schminkte ich mir die Lippen, weinte leise, küßte den Spiegel und versuchte mich wohlzufühlen.
Als wir am nächsten Tag den Frühstückstisch deckten, humpelte Anette vor mir her. Ich konnte ihr Gehumpele nicht mehr mitansehen. Schließlich tippte ich sie leicht an der Schulter. Sie fuhr herum, und ich sah in ihr rundes, rotwangiges Gesicht mit den großen, unschuldigen, braunen Augen.
Mit einem Mal wußte ich, daß es DAS war. Sie hatte das, was ich nie haben durfte, was mir allzu früh genommen wurde, und sie war so alt wie ich und hatte es immer noch. (Mit all ihrem Erleben war sie ganz außen.) Und sie war so leicht, weil sie noch nichts wußte. Aber ich hatte alles Dunkle erlebt; immer wieder, und ich würde nie mehr zurückgehen können. Wohin denn auch?

Sonja Triendl

Ein für allemal

Salome

Ob ich den Brief aufmache? Er macht meine schließlich auch manchmal auf. Ja, aber aus Gedankenlosigkeit. Nehme ich ihm sogar ab, obwohl ich mich natürlich ärgere.
Aber wenn ich jetzt diesen Brief öffnen würde, wäre es nicht harmlos. Es hätte Folgen. Ich würde wieder davon anfangen . . .
Ich fange bereits an. Indem ich es nicht geschafft habe, den Brief gleich mit den Reklamesendungen in den Müllschlucker zu werfen. Und selbst dann . ..
Ann Taylor. Die traut sich was! Schreibt ihm einfach! Vielleicht läßt sie mich sogar grüßen! Als müßte sie nicht damit rechnen, daß ich den Brief verschwinden lasse! Ob sie mich bei meiner Ehre packen will? Da hat sie Pech diesmal. Ich denke nicht daran, »großzügig« zu sein! Sie war's wahrhaftig auch nicht an jenem Abend. Weil sie gemerkt hat, daß es ihn wieder zu mir hinzog? Nun, er ging dann doch mit ihr. Dafür hasse ich ihn jetzt noch. Deshalb soll er auch keinen Liebesbrief bekommen!
Eine Frechheit, daß sie ihm hierher schreibt! Hat er ihr denn nicht die Adresse vom Büro gegeben – und hat er ihr nicht gesagt, daß er schreibfaul ist? Selbst wenn er diesen Brief ordnungsgemäß erhält, wirst du, liebe Ann, höchstwahrscheinlich keine Antwort bekommen!
So könnte ich eigentlich doch großzügig sein.
Ich wäre es auch, nehme ich an, wenn, ja wenn sie mir an jenem Abend nicht den einen Satz hingeknallt hätte, der mir ihre ganze Verachtung zeigte:
»You will have him for the rest of your life!«
Ich würde ihn ja für den Rest meines Lebens haben!
Bin ich kleinlich, daß ich es an dem einen Abend festmache? Wir mochten einander doch, sogar dann noch, als zwischen ihr und Peter schon was lief. Ich war ja damals ein bißchen in Klaus verliebt. Aber als dann der Anruf kam, ich müßte

zur Pflege meiner Mutter einspringen, da wollte ich die letzte Nacht doch nicht allein sein, sondern mit Peter.
Ich hätte auch akzeptiert, daß wir zu dritt gewesen wären, ja, ich konnte es mir sogar richtig schön vorstellen. Ich war offen für alles, nur nicht dafür, daß sie ablehnen und er sich für sie entscheiden würde!
Als er sich so zu ihr bekannte, brach für mich wieder einmal die Welt zusammen. Zugegeben – es war auch ihr letzter Abend in München, aber hätten wir nicht trotzdem den Mann teilen können?

Fliederfarbener Umschlag. Drinnen sicher ein ebensolcher Briefbogen. Die Schlampe soll sich bloß nicht so vornehm geben! Oben hui, unten pfui! Hätte mich eigentlich nicht gewundert, wenn sie ihm einen Tripper angehängt hätte! Für ihn ist sie eine der tollen Frauen, die das Leben und die Männer nehmen, wie sie kommen. Und ich krieg dann auch was ab!
Abfallen soll ihm das Ding! Und dann schick ich's ihr. An ihre »new address«, die sie besonders gekennzeichnet hat, als sollte er sie dort besuchen. Auf einer seiner nächsten Dienstreisen!
Moment mal! Vielleicht schreibt sie ihm, daß er zum Arzt gehen soll! In diesem Fall wäre es natürlich zweckmäßig, den Brief zu öffnen.
Aber heute kann ich mich sowieso nicht untersuchen lassen. Ach, immer diese Unsicherheit! Der verfluchte Kerl mit seiner Geilheit! Und den soll ich mein ganzes Leben am Hals haben! Sie würde ihn vermutlich gar nicht wollen. Ihr war es genug, ihn grad mal eben der Ehefrau auszuspannen. Und dann wieder ab ins unbeschwerte Leben einer längst geschiedenen Frau!
Okay, my dear Ann. Ob ich ihn bis ans Ende meiner Tage haben kann, weiß ich nicht; auf jeden Fall scheine ich ihn jetzt zu haben. Wir leben zusammen. Immer noch oder wieder. Wie man's nimmt.

Und so kommt dein Brief zur Unzeit, untimely, my dear! Er paßt einfach nicht hinein, in diesen unseren »space« hier. Deshalb werde ich ihn vernichten.
Aufmachen werde ich ihn schon, einfach um mal zu sehen, ob du interessant schreibst. Obwohl ich diese amerikanische Schrift ja nicht ausstehen kann. Schreibt ihr eigentlich alle gleich? Kommt das vom Coke?
Ich werde den Brief aufmachen. Nein, nicht einfach am Küchentisch mit einem Messer! Ich gehe ins große Zimmer damit und benütze den Brieföffner. Den neuen, der sich erst seit kurzem in unserem Haushalt befindet. Ein Geschenk von einem Kunden, hat Peter gesagt. Es ist ein besonderes Stück, Porzellangriff mit Delfter Muster. Pseudo-Delft, natürlich. Den könnte auch sie ausgewählt haben. Ja, den muß sie ihm geschenkt haben! Damit er beim Brieföffnen immer an sie denkt. Und zum Öffnen ihrer Briefe! Jetzt verstehe ich. So eine Unverschämtheit! Jetzt ist sie also durch einen Gegenstand immer anwesend!
Kühles Porzellan, golden glänzende Spitze. Und ganz schön scharf. Vielleicht haben sie darüber gewitzelt, daß er mich damit erstechen könnte. Praktischer wäre natürlich, wenn ich Harakiri machen würde!
Nein, mit dem edlen Geschenk werde ich jetzt Anns lieben Brief öffnen. Obwohl er nicht an mich gerichtet ist. Und obwohl sie das wohl »bitchy«, hinterfotzig, hundsgemein finden würde. Aber jetzt sitze ich am längeren Hebel, my dear Ann! Ich werde deinen Brief lesen und ihn dann verbrennen. Wie einen schlechten Text von mir. Im großen Aschenbecher auf dem Couchtisch ein Feuerchen machen. In die Sofakissen geräkelt werde ich zuschauen, wie du verschwindest!
Nicht sehr spannend dein Brief. Auch nichts von Gonorrhöe. Nun ja, darauf bin ich ja wahrhaftig nicht scharf! Deine Heimkehr und irgendwelche Verwandtengeschichten. Glaubst du wirklich, daß ihn das interessiert?! Kein Gruß an mich, aber auch keine erneute psychologische Deutung meiner Eifersucht. Thank you.

Ziemlich langweilig das alles, meine liebe Ann. Ein Brief, der getrost in der Post verlorengehen kann.
Ob ich die Briefmarke ablöse für Micky? Nein, lieber nicht, sonst ergeben sich doch vielleicht Fragen! Bestimmt würde er sie seinem Vater zeigen.
Brennt gut, dein teures Papier! Lodert richtig! Ein Eckchen wehrt sich noch, sieht fast aus wie ein Herzchen, könnte man sagen, aber auch das muß den Weg alles Irdischen gehen. Aus und vorbei.

Salome

Nein, ich will seinen Kopf
auf dem Silbertablett
Nicht seinen Schwanz
Der Angeber
Trotziger Arsch
Der Arsch des Herrn
des Herrenmenschen
Erleuchtungsgeil
versenkt er sich
bis wieder gerammelt wird
tausendlochgeil

Vielleicht
liegts am
Silbertablett
daß es sein Kopf sein muß
Ein abgehackter Schwanz
wäre einfach
zu unscheinbar

Heidelore Kluge

Dienstagmorgen einer Walküre

Es war der verrückteste Dienstagmorgen, den ich je erlebt habe. Dabei gab es in meinem Leben schon ein paar wirklich chaotische Dienstage ... Aber dieser hier stellte alles in den Schatten. Eigentlich fing der Tag ganz ruhig und geradezu gemütlich an. Hannes war am Abend vorher nach Hamburg abgereist, um dort, wie er sagte, mit seinem Verleger über sein neuestes Buch zu verhandeln. So hatte ich das Haus für mich allein. Es ist ein großes Haus, und wir gehen uns darin durchaus nicht auf die Nerven, aber irgendwie ist es doch ein ganz besonderes Gefühl, sozusagen unumschränkter Herrscher zu sein.

Ich war spät aufgestanden, hatte gebadet und mir dabei Wagner-Platten angehört. Ich stellte mir vor, eine der Walküren zu sein, und genoß es, einmal ganz ungestört in meiner Vorstellungswelt verweilen zu können. Hannes hat eine so irritierende Art, mich mit seiner Nüchternheit von meiner jeweiligen Wolke herunterzuholen und mich wieder auf die Füße zu stellen, daß ich meine Ausflüge in die Fantasiewelt schon erheblich reduziert habe. Er ist so klug und hat sicherlich recht damit, daß man den Realitäten ins Auge blicken muß. Aber ich stelle mir nun einmal gerne Dinge vor – daß ich fliegen kann zum Beispiel oder daß ich eine Tarnkappe habe oder eben daß ich eine Walküre bin.

Der opulente Ohrenschmaus hatte mir Appetit auf ein ebenso opulentes Frühstück gemacht. Ich legte die nächste Schallplatte auf.

»Nun zäume dein Roß, reisige Maid!«

forderte Wotan stimmgewaltig, und ich lief durchs Haus, um sämtliche Fenster und Türen zu öffnen. Jetzt konnte die Frühsommersonne überall hereinströmen. Der Gedanke, daß sie warm und golden über meinem Bett schien, tausend Sonnenstäubchen über meinen Zeichentisch tanzen ließ und gleichzeitig meine nackten Zehen kitzelte, machte mich fröhlich. Ich stand vor dem Herd und brutzelte Speck und Eier, während der Kakao behäbig blubberte und der Toaster in elegantem Bogen ein Brotstück nach dem anderen herausschleuderte.

Fricka klagte indessen Wotan des Ehebruchs an. Fasziniert lauschte ich dem göttlichen Ehekrach.
Ich hatte den Mann nicht kommen hören – dafür waren Musik und Küchengeräusche zu laut. Da ich mit dem Rücken zur Tür stand, hatte ich ihn auch nicht gesehen. Und ich hatte nicht einmal etwas gespürt, denn ich bin von Natur aus weder ängstlich noch mißtrauisch und besitze auch deshalb keinen siebten Sinn für sich nähernde Gefahren. So bemerkte ich erst, daß ich nicht mehr allein war, als eine Männerhand mir ein Messer an die Kehle hielt und eine tiefe Stimme mir ins Ohr knurrte: »Du bist also die kleine Schlampe, in die Sibylle sich verguckt hat.«
Beinahe hätte ich gelacht, denn sein Atem kitzelte an meinem Ohr, und außerdem hatte mich noch nie jemand eine »kleine Schlampe« genannt. Aber ich mußte Speck und Eier von der Herdplatte nehmen, damit sie nicht zu kroß wurden. Wenn es etwas gibt, das ich nicht ausstehen kann, dann ist das zu lange gebratener Frühstücksspeck, der einem von der Gabel springt und zwischen den Zähnen knirscht – einfach abscheulich! Vorsichtig, um den messerschwingenden Fremden nicht zu irritieren, zog ich die Pfanne von der heißen Herdplatte.
»Setzen Sie sich«, sagte ich dann. »Das Frühstück ist fertig.«
Ich weiß nicht, welche Reaktion der Mann erwartet hatte. Vielleicht dachte er, ich würde schreien. Oder weinen. Oder weglaufen. Jedenfalls machte er, wie er nun so dasaß auf dem Küchenstuhl, die Augen aufgerissen und den Unterkiefer heruntergeklappt, den Eindruck äußerster Verblüfftheit.
»Nehmen Sie dies Besteck«, riet ich ihm. »Der Speck läßt sich damit bestimmt besser schneiden.«
Stumm legte er sein Messer weg, und ebenso stumm begann er, den ihm vorgesetzten Teller zu leeren. Ich hatte das Gefühl, daß er ziemlich froh darüber war, erst einmal gar nichts sagen zu müssen.
Während wir frühstückten und – »Heiaha! Hojotoho!« – Brünnhilde ihrem Vater nahte, betrachtete ich den Fremden. Er war groß und blond und hatte Augen von einem geradezu

unwahrscheinlichen Blau. Ich nahm an, daß er unter normalen Umständen etwas intelligenter dreinschaute. Dann sah er sicherlich umwerfend aus, ein richtiger Siegfried. Mich überfiel schon wieder der Lachreiz. Man konnte wohl nicht ungestraft Walküre spielen ...

Jung Siegfrieds Teller war leer
»Hungrige Männer sind zornige Männer«, sagte ich und räumte ab. »Zornig dürften Sie nun nicht mehr sein – nach allem, was Sie vertilgt haben. Wenn Sie mir nun freundlicherweise erzählen wollen, wer diese Sibylle ist, warum ich eine kleine Schlampe bin und was Sie überhaupt hier in meinen Haus zu suchen haben?«
Unsicher sah er mich an. Die Verlegenheit färbte seine Gesichtshaut rosa. Er sah zu reizend aus. Ich schob meinen Stuhl näher zu ihm hin und setzte mich dicht neben ihn. Er roch nach Juchten und ein bißchen auch nach Lavendel. Jung Siegfried schien ein recht altmodischer Mann zu sein.
»Es ist wegen Sibylle«, platzte er schließlich heraus. »Aber wenn Sie sagen, daß Sie sie nicht kennen ... Oder vielleicht tun Sie auch nur so, um mich auf eine falsche Spur zu locken? Ihr Weiber seid doch eine gerissener als die andere! Wer soll sich da noch auskennen?«
Seine unwahrscheinlich blauen Augen blitzten mich an, und ich mußte an mich halten, um nicht noch dichter an ihn heranzurücken.
»Was ist denn nun mit Sibylle?« fragte ich sanft.
»Sie hat ein Verhältnis.« Alles Leid der Welt stand in seinem Gesicht geschrieben, als er dies sagte.
Ich hauchte: »Ein Verhältnis? Oh ...«
»Wenn es wenigstens noch ein Verhältnis mit einem Kerl wäre! Aber ... aber ...« Er brachte das Furchtbare kaum über die Lippen: »Aber sie hat eine Freundin – Sie verstehen, was ich meine?«
Schweißtröpfchen standen auf seiner Stirn.
»Und dieses Frauenzimmer legt es darauf an, mir meine

Sibylle abspenstig zu machen. Es ist einfach ... es ist einfach unnatürlich!«
Nun rückte ich doch näher zu ihm heran.
»Das ist ja sehr, sehr schlimm, was Sie da erzählen, Siegfried. Aber ich bin nicht ›dieses Frauenzimmer‹.«
»Ich würde es ja gerne glauben! Aber sehen Sie, da ist dieser Detektiv ... na ja, kein richtiger Detektiv, nur jemand, der solche Jobs erledigt ... und der hat Sie so genau beschrieben, daß es gar keinen Irrtum geben kann! Er sagte, sie sei hier gewesen – hier bei Ihnen.«
Ich sah ihm in die Augen.
»Aber ich interessiere mich doch gar nicht für Frauen.«
»Wie wollen Sie das beweisen? Verstehen Sie mich doch! Sibylle – ich liebe sie und ich will nicht, daß sie in so etwas verwickelt wird. Ach, ich kenne mich schon gar nicht mehr aus. ..«
»Es ist nicht schwer zu beweisen«, sagte ich und stand auf. »Kommen Sie, Siegfried.«
Auf dem Weg zum Schlafzimmer wechselte ich rasch die Platte.
»Hojotoho! Hojotoho!« sangen Gerhilde und Helmige.
»Heiaha! Heiaha!« antworteten Waltraute und Schwertleite.
Mir war sehr zum Mitsingen zumute, aber ich wollte Jung Siegfried nicht erschrecken. Die Sonne hatte das Bett angenehm durchwärmt und schaute nun voll und breit durchs Fenster herein.
»Willst du nicht das Fenster zumachen?« fragte Siegfried. »Oder wenigstens die Gardinen zuziehen?«
Ich schüttelte den Kopf.
»Tun wir etwas, das das Tageslicht scheuen müßte?«
»Ich ... ich weiß nicht ...«
Ich beeilte mich, ihm seine Zweifel zu nehmen.
»Hörst du mich Klage erheben,
und birgst dich bang dem Kläger,
daß feig du der Strafe entflöhst?« donnerte Wotan. Es war Zeit, die Platte umzudrehen. Jung Siegfried war eine Ent-

täuschung gewesen, hatte schnaufend und rabiat nur an sich gedacht und war sich dabei offensichtlich noch großartig vorgekommen.
»Glaubst du mir nun, daß ich nichts mit deiner Frau habe?« fragte ich kühl.
»Klar«, sagte er und grinste.
Er sah auch jetzt nicht sehr intelligent aus.
»Hier bin ich, Vater: gebiete die Strafe!« forderte Brünnhilde.

»Ich mache dir noch einen Kaffee«, sagte ich, um ihn schon ein bißchen auf Abschied einzustimmen.
Als ich die Küchentür öffnete, blickte ich genau in die Mündung einer Pistole. Die Frau, die damit auf mich zielte, war sehr jung, fast noch ein Mädchen, mit einem Puppengesicht, runden Kulleraugen und einer rundlichen Figur. Ich hatte sie schon einmal gesehen – vor ein paar Wochen, als sie an meiner Tür klingelte und mich zum Abonnement einer Zeitschrift überreden wollte.
»Sibylle! Was tust du hier?«
Jung Siegfried war neben mich getreten und starrte fassungslos seine Frau an.
»Bleib stehen!« zischte Sibylle. »Komm mir bloß nicht zu nahe, sonst geht das Ding hier los.«
»Aber Sibylle! Du kannst doch nicht ...«
»Und ob ich kann! Ich hab' dich nicht geheiratet, damit du mit anderen Frauen 'rumpoussierst! Jetzt ist Schluß damit!«
»Aber ... aber ...«
»Du bist jetzt ganz ruhig. Geh, setz dich dorthin.«
Sie deutete mit der Pistole auf einen Küchenstuhl. Folgsam verzog sich Jung Siegfried aus der Schußlinie.
»Und jetzt zu Ihnen!«
Sibylle wandte nun mir ihre volle Aufmerksamkeit zu. Ich lächelte verbindlich.
»Wehe! Weh! Schwester, ach Schwester!« klagten die Walküren.

»Wie lange geht das schon mit Ihnen beiden?« wollte das aufgebrachte Mädchen wissen.
»Denken Sie nicht auch, daß sich so etwas bei einer Tasse Kaffee besser bespricht?« fragte ich sanft und ging an ihr vorbei zum Herd, um Wasser aufzusetzen.
»Glauben Sie ja nicht, daß ich es nicht ernst meine!« fauchte sie und fuchtelte mit der Pistole vor meinem Gesicht herum.
Ein liebenswertes Pärchen, dachte ich.
Laut sagte ich: »Wissen Sie eigentlich, was Ihr Mann hier wollte?«
»Kommen Sie mir bloß nicht auf die Tour! Ich kann es mir schon denken!«
»Wirklich?«
»Oh, ja! Und was Sie wollen, weiß ich auch: Sie wollen sich meinen Mann einfangen, jawohl! Aber das lasse ich nicht zu, verstehen Sie mich? Er gehört mir, und eher würde ich ihn erschießen als ...«
Sie zielte auf den zitternden Siegfried, der bleich auf seinem Stuhl saß und sich nicht zu rühren wagte.
»Ihr Mann interessiert mich nicht«, sagte ich. »Mich interessieren überhaupt keine Männer.«
Ich senkte meine Stimme noch um einige Tonlagen und sah ihr tief in die Augen.
»Mich interessieren nur Frauen.«
»Igittigitt, so eine sind Sie?«
Sibylle zog die Nase kraus und trat einen Schritt zurück.
»Aber ... aber ... was wollte denn *er* dann hier?« Sie wies mit der Pistole lässig über die Schulter.
Er dachte, ich hätte ein Verhältnis mit *Ihnen*.«
»Mit mir?«
Sibylle riß die Augen auf. Sie hatte eine wirklich prächtige Mimik.
»Mit mir?« rief sie noch einmal aus – nun zu Jung Siegfried gewandt: »Das ist aber wirklich sehr häßlich von dir, so etwas zu denken!«

Er hatte offensichtlich seine Sprache wiedergefunden und begann sich zu rechtfertigen.
»Du warst so abweisend zu mir in der letzten Zeit. Und dann, dann hast du dauernd von dieser Freundin von dir geschwärmt. Ich war schon ganz krank vor Eifersucht!«
»Aber Schatz! Ich wollte dich doch bloß ein bißchen heißmachen!«
Sie legte die Pistole auf den Tisch und setzte sich auf Siegfrieds Schoß. Das Wasser kochte.
»Möchte jemand eine Tasse Kaffee?« fragte ich. Aber die beiden lagen sich bereits in den Armen. Ich hatte das Gefühl, meine gute Tat für diesen Tag getan zu haben.
»Wir gehen jetzt«, verkündete Sibylle und bedachte mich mit einem giftigen Blick.
»Tja, dann ...«
Jung Siegfried sah an mir vorbei und ging brav an ihrer Seite hinaus.
»Du folgtest selig der Liebe Macht:
folge nun dem, den du lieben mußt!« schmetterte Wotan.
»Nebbich«, sagte ich und schlürfte zufrieden meinen Kaffee. Ich war froh, daß ich die beiden los war.
Außer Atem kam Jung Siegfried zurück. Es mußte ihm noch etwas sehr Wichtiges auf der Seele liegen, daß er es wagte, der gestrengen Sibylle zu entwischen.
»Ich muß gleich wieder weg«, flüsterte er.
Ich nickte verständnisvoll.
»Ich wollte nur ... also, warum haben Sie vorhin die ganze Zeit Siegfried zu mir gesagt?«
Sein Gesichtsausdruck hatte nicht an Intelligenz gewonnen. Ich lächelte freundlich.
»Es war ein Irrtum.«
»Ach so. Das hatte ich mir auch schon gedacht. Und noch was: vorhin ... mit uns beiden ... ich meine, da oben im Bett ... also das habe ich nur aus Liebe zu meiner Frau getan!« Er sah mich wild an.
»Aber ja. Schon gut.«

Er grinste halb verlegen, halb erleichtert.
»Schönen Dank noch fürs Frühstück!«
Dann war er endgültig fort. Nur sein Messer lag noch auf dem Tisch und daneben Sibylles Pistole.

Ich nahm die kleine Waffe in die Hand, um sie zu betrachten. Welch ein naives Wesen mußte dieses Mädchen sein, wenn sie glaubte, mit diesem Spielzeug einen erwachsenen Menschen erschrecken zu können. Ich zielte auf den Kirschbaum hinter der rechten Fensterscheibe.
»Leb wohl, du kühnes, herrliches Kind!« schmetterte Wotans Stimme.
Das ist meine Lieblingsstelle – so rührend und so heroisch. Laut sang ich mit.
»Leb wohl! Leb wohl! Leb wohl!«
Jemand ging am Küchenfenster vorbei – so rasch, daß ich nur einen Schatten wahrnahm. Mit einem ohrenbetäubenden Knall löste sich ein Schuß. Mir war gar nicht bewußt gewesen, daß ich die Pistole noch in der Hand hatte. Und es war gar keine Spielzeugpistole ... Zum ersten Mal an diesem Morgen bekam ich es mit der Angst zu tun. Ich hatte möglicherweise einen Menschen erschossen!
Hastig sprang ich auf. Polternd fiel die Waffe auf den Fliesenboden. Im Flur stieß ich mit Hannes zusammen. Er packte mich und preßte mich fest an sich.
»Ich ahnte nicht, daß ich dich so liebe«, stöhnte er. »Und ich wußte nicht, daß du mich so liebst. Dabei dachte ich immer, du wärest nicht eifersüchtig!«
Ich machte mich vorsichtig los und lächelte still. Ich war mir nicht ganz sicher, worauf er hinauswollte.
»Du wußtest, daß ich nicht nach Hamburg gefahren bin?«
Ach so.
Ich nickte.
Vor einigen Wochen hatte ich durch Zufall entdeckt, daß Hannes eine Geliebte hatte – wieder einmal. Nachdem ich die fragliche Dame unbemerkt in Augenschein genommen hatte,

war mir klar, daß das Verhältnis nicht von allzu langer Dauer sein würde, und so hatte ich Hannes gewähren lassen, ohne ein Wort darüber zu verlieren. Natürlich hatte ich auch gewußt, daß er gestern nicht nach Hamburg gefahren war. Aber wozu sollte ich mich aufregen? Es würde schon alles seinen Gang gehen und sich ganz von selbst lösen.

»Ich bin es nicht wert, so geliebt zu werden!« klagte Hannes sich an und schwenkte dabei seinen durchschossenen Hut. Mit donnernden Akkorden endete das Drama der Walküre.

Dorothee Neis

Eine Krankengeschichte mit offenem Schluß

Dieses nagende Gefühl, daß man zu kurz kommt, daß jemand anders bevorzugt wird, daß die Schwester, die Freundin mehr geliebt werden, dieses ständige Gefühl, hinterherlaufen zu müssen oder gehen zu müssen, es gibt keine Zeit in ihrem Leben, wo sie dieses Gefühl, die Eifersucht, nicht kannte.
Wenn sie sich an ihre Kindheit erinnert, taucht das Gefühl nur in bruchstückhaften Sequenzen in ihrem Gedächtnis auf. Es ist die Erinnerung an die Traurigkeit, die in ihr war, wenn ihre beste Kindergartenfreundin mit einem anderen Kind spielte; es sind die Worte der Mutter, die sich über sie, die jüngere Schwester, beklagte, weil sie auf die kranke große Schwester eifersüchtig gewesen sei und der kranken Schwester kein neues Spielzeug gegönnt habe und von allem, was der Schwester zugedacht war, auch etwas abhaben wollte. Damals war sie drei Jahre alt. In diesem Alter wurde sie gezeichnet. Sie war die Eifersüchtige.
Von nun an leidet sie, wenn sie die Freundin teilen muß, wird besitzergreifend in ihrer Liebe und Zuneigung. Sie will allein geliebt werden und nicht teilen. Sie kann auch nicht teilen. Man hat ihr nie die Möglichkeit gegeben, teilen zu lernen.
Anstatt zu teilen, verläßt sie. Durch Kindheit und Jugend ziehen sich Freundschaften, die sie aufgegeben hat, weil die Eifersucht auf eine dritte Person so groß wurde, weil es für sie immer nur das Entweder-Oder gegeben hat. Doch dieses Verlassen ist keine Stärke, sondern die unsagbare Angst davor, verlassen zu werden. Sie ist die Eifersüchtige, die Schwache, sie hat kein Gefühl für ihren eigenen Wert, sie glaubt sich immer unterlegen und geht deshalb immer. Ihr Gehen ist Schutzsuche, doch diese Suche nach Schutz ist innere Emigration, ist Flucht vor sich selber, Flucht vor der Auseinandersetzung mit ihren Bedürfnissen und mit den Ursachen der Eifersucht.
Die Eifersüchtige kommt ganz allein zu dieser Einsicht, aber sie kann trotzdem nicht aus ihrer Eifersucht heraus. Sie fängt an, ihr Leiden zu tarnen. Sie ist nun lieb und freundlich zu

jedermann, sammelt Menschen um sich wie Jünger, ist pausenlos unterwegs, verabredet und ist trotzdem immer wieder allein, allein mit dem Gefühl, um alles betrogen zu werden. Doch nun hilft ihr der Rückzug nicht mehr. Ihr Verhältnis zu Männern und Frauen, Eltern und Geschwistern ist völlig durcheinander, sie ist nicht mehr in der Lage, ihr Leben allein zu retten.
Sie fängt eine Seelenlehre an. In mühevollen, kleinen Abschnitten lernt sie sich besser verstehen, spricht sie Ängste, die so tief und fest in ihrer Seele sitzen, wie die Wurzeln eines uralten Baumes im Erdreich, endlich aus, lernt, daß ihr Leiden masochistisch ist, baut ganz langsam ein wenig Selbstwertgefühl auf und das alte Leiden dafür ab. Nach sechshundertsiebzig Tagen oder mehr oder weniger wird sie wieder in die Welt entlassen.
Es sieht nun so aus, als wäre die Eifersüchtige nicht mehr leidend, als habe die eifrige Suche nach sich selbst das alte Leiden Eifersucht besiegt. Sie ist nun vorsichtiger mit ihrer Zuneigung, kann sich sogar ein wenig wehren, ohne gleich wieder gehen zu müssen, verliert ihre Scheu vor der Liebe und verliebt sich. Doch diese Liebe ist der Anfang vom Ende ihres neuen Daseins. Die dünne Haut über der alten Wunde platzt. Zuerst sind es nur kleine Risse, Hautabschürfungen auf der Seele. Sie versucht sich selbst zu heilen, sucht das Gespräch mit dem Mann, den sie liebt, der sie liebt, der aber trotzdem immer wieder eine andere trifft. Die Zeit, die äußeren Umstände kommen ihr heilend und rettend zu Hilfe. Der Mann hat wenig Zeit, muß verreisen und teilt seine restliche Zeit mit ihr. Sie muß endlich einmal nicht gehen, aber sie weiß genau, warum nicht, weiß, daß sie nicht sicher sein kann, die einzige zu sein, nur der Zeitfaktor spricht für sie. Er fährt weg, und sie bleibt allein zurück mit ihren Rissen und geplatzten Nähten in und an ihrer Seele.
Sie kittet die Nähte und Risse so gut sie es kann, lebt vor sich hin, ohne aus der Rolle zu fallen, funktioniert, wie man es von ihr erwartet, schließlich ist sie sechshundertsiebzig

Tage oder mehr oder weniger in die Seelenlehre gegangen, da kann man schon etwas von ihr erwarten.
Sie macht ihre Prüfung, der Mann ist inzwischen zurückgekehrt, ist etwa acht Tage glücklich, mit dem Mann, über das Ende des Examens. Dann verläßt der Mann sie wieder, erst wegen Familienangelegenheiten, dann aber zieht er ganz weg, in eine andere Stadt. Die Eifersüchtige wehrt sich anfangs gegen das nun immer wieder verstärkt auftretende Leiden, bald aber hat sie keine Kraft zur Gegenwehr mehr. Das alte, neue Leiden bricht mit alter, neuer, unverbrauchter Kraft über sie herein. Sie leidet an ihrer Liebe, will diese Wochenendbeziehungen beenden, bevor der Mann sie beendet. Sie meidet von nun an die Bekannten von der Uni, weil sie es nicht erträgt, daß andere noch studieren können oder schon eine Stelle haben, sie ist nämlich seit Examensende ohne Arbeit, ihr Leiden nimmt von Tag zu Tag immer schlimmere Formen an. Es ist, als wäre sie nie in die Seelenlehre gegangen. Ihre Seele ist wund, ihr Körper wird immer öfter krank. Auf zufällige Begegnungen mit alten Bekannten reagiert sie mit Kopfschmerzen und Brechreiz, sie kann die Sicherheit der anderen Leben kaum noch ertragen. Die Eifersucht, dieser schreckliche Neid auf das Leben und die Liebe anderer Menschen, schränkt ihren Lebensradius immer mehr ein.
Bald wird der Tag kommen, an dem sie geht ...

Waltraud Schwab

Irma

Ein langer Weg zu ihr. Und dann zurück. Keine Entscheidung, ob ich ihn gehen will oder ob nicht. Es ist die alte Abmachung – wie Zwang. Dieses eine Mal gehe ich widerwillig, gebe ich zu, daß ich widerwillig gehe.
Ihre herben Gesichtszüge ungeschliffen, auch der rote Lippenstift hinterläßt den Eindruck einer halbgeöffneten Schale – im Ausdruck nur der Kokon.
Ihre Hände waren groß, sind es immer noch. Die Beschreibung hat sich nicht geändert. An ihren großen Händen, der linken, trug sie den Fingerring mit dem Granat. Eingefaßt – als Andenken an ihre aus Italien stammende Mutter.
Einmal habe ich die Tür zu früh zugeworfen, der Türgriff hat ihre Hand gestreift, hat den Granat aus der Fassung geschlagen. Danach – Wochen hat es gedauert, bis sie wieder mit mir reden wollte.
Irma redete nicht mehr mit mir.
Sie hatte entschieden, daß sie für mich keine Worte mehr hatte. Noch heute stehe ich manchmal im Schatten, den das Schweigen werfen kann, nicht sichtbar.
Ihre Augen und ihr Mund sind von mir abgewandt. Gewöhnlich ließen ihre Lippen einen Spalt breit; jedoch kein Wort, nicht für mich.

Jetzt sehe ich mich im Spiegel, dem holzumrandeten, im Zimmer und nackt. Ich friere. Meine rechte Hand fährt den linken Arm entlang, zu spüren. Schon den ganzen Tag heute habe ich den Eindruck, die Wohnung röche nach Zimt. Meine Haare fallen mir auf, und ich halte in der Bewegung inne, greife danach und stecke sie zusammen, als wären sie kurz. Das Bild von früher, als Irma und ich noch im Kaufhaus arbeiteten: mit den abgeschnittenen Haaren. Aber ich beruhige mich schnell. Die kurzen Haare stören nicht mehr. Immer habe ich mir eingeredet, ich dürfe die Haare nicht abschneiden, aber so, doch.
Wie schon so oft verwischt das Bild. Ich kann es nicht deutlich erkennen. Ganz nah am Spiegel stehe ich und streiche

über die kleinen Falten um die Augen. Wenn sie doch nur vom Lachen kämen, ich lache so gerne – trotzdem sie das Vergangene sind.
Hastig drehe ich mich um und greife nach dem Bademantel, der auf dem Boden liegt, werfe ihn mir um die Schultern. Er ist mir viel zu groß. Letzten Winter habe ich ihn genäht und weil ich keinen Stoff wegwerfen wollte, habe ich ihn größer gemacht, als ich ihn je brauchen werde. Zumindest –
Alle Leute sagen, ich würde meiner Großmutter ähnlich sehen. Sie haben recht. Ich habe ein Bild von ihr, und es sind dieselben Augen. Meiner Großmutter hätte der Bademantel gepaßt nach ihren sieben Kindern. Aber ich will keine Kinder und fange an, die schmutzige Wäsche in die alte Holztruhe zu stopfen. Irma wollte auch keine Kinder, aber sie hat viel mehr Haß empfunden. Irma haßte Kinder und ihren Körper, der Kinder gebären könnte, auch.
Heute werde ich sie wiedersehen. Irma ist schön, sage ich. Ihre harten Gesichtszüge sind schön, mit Augen, die sie immer schwarz umrandete.
Ihr Körper, sie ist größer als ich, umschlang mich zeitweise, lehnte sich dann jedoch gegen mich auf.
Sie hatte früher jahrelang Ballettunterricht gehabt. Aber das sei zu einer Zeit gewesen, als sie noch vieles hatte. Den Rest ihres Lebens würde sie wohl Verkäuferin bleiben, war bitteres Wissen für sie. Heute bin ich so alt, wie sie damals war, als sie zum ersten Mal ins Kaufhaus kam. Irma hatte immer nur an ihre verspielten Chancen geglaubt.
Gestern nacht hat sie angerufen und gesagt, daß sie möchte, daß wir uns heute treffen an der verabredeten Stelle. Mehr hat sie nicht gesagt. »Hier ist Irma!« Ich habe ihre Stimme nicht mehr erkannt. Viel rauher hatte ich sie in Erinnerung. Irma hat am Tag zwei Schachteln schwarzer Zigaretten geraucht.
Bevor wir wieder miteinander reden konnten, damals, als ich ihr den Granat aus der Fassung geschlagen hatte, schob sie mir eine Zigarette hin. Ich sollte eine von ihren schwarzen

Zigaretten rauchen. Den Stein haben wir, solange ich da gearbeitet habe, nie mehr gefunden. Ich rauche nicht. Noch viel schlimmer, ich kann gar nicht rauchen.
Irma hatte mir diese Zigarette hingeworfen. Sie wußte, daß mir vom Rauchen schlecht wird. Ich habe die Zigarette lange betrachtet, mir ist nichts eingefallen. »Du rauchst die jetzt!« schrie Irma beinahe hysterisch. Erschrocken nahm ich die Zigarette in die Hand, legte sie dann jedoch wieder auf den Tisch. Irma schien mich kotzen sehen zu wollen.
»Laß die da liegen«, sagte ich plötzlich, bevor ich selber begriff. »Bleib da sitzen, bis ich wiederkomme, und laß die verdammte Zigarette da liegen.« Ich bin aufgesprungen, habe den Spind aufgerissen, das Geld herausgenommen und bin so, wie ich war, zum nächsten Juwelier gerannt. Mit Holzwolle im Haar und den völlig verstaubten Kleidern. Ich mußte zu der Zeit die Pakete von Bestellungen aus Übersee packen. Kuckucksuhren und andere Souvenirs.
Einen silbernen Anhänger, den man öffnen kann, habe ich gekauft. Den größten, den ich bekommen konnte.
Ja, ich werde die Kette heute abend anziehen, die kleine Silberkette mit dem Tabak. Ich gehe ins Zimmer und suche danach. Es ist eigentlich ein sehr schöner Anhänger, ein feines filigranes Muster ist eingraviert, und der winzige Verschluß.
Ich habe dem Juwelier das Geld hingestreckt und bin wieder zurückgerannt. Irma saß noch da, die Zigarette lag noch da. So schnell es ging, habe ich das weiße Papier der Zigarette aufgerissen und den Tabak in den Anhänger gestopft, aber er war viel zu klein. Ganz langsam habe ich den Anhänger geschlossen und ihn mir, während ich mich setzte, um den Hals gehängt. Der restliche Tabak lag vor mir. Mir ist ganz heiß geworden. Ich weiß noch, ich habe mir überlegt, einen zweiten Anhänger zu kaufen. – Dann aber habe ich den Tabak vom Tisch genommen und ihn in meinen Mund gesteckt. Ich fing an zu kauen. Der Tabak brannte und schmeckte scharf auf meiner Zunge. Ich kaute. Es wäre mir nicht in den Sinn gekommen, jetzt aufzugeben. Ich kaute. Immer mehr Speichel

entstand und vermischte sich mit dem Tabak. Kaum konnte ich mehr still sitzen, mein ganzer Körper fing an zu kribbeln. Ich wollte den gallebitteren Brei ausspucken, aber ich kaute weiter. Irgend etwas mußte passieren. Was passieren sollte oder würde, wußte ich nicht. Ich fing an zu zittern, mein Mund war brechend voll, den Reflex zu schlucken, konnte ich nur mit Mühe stoppen.
Plötzlich fing Irma an zu lachen, zu schreien und zu lachen. Es schien aus ihr herauszuplatzen. Irma lachte.
Ich bin dabei so erschrocken, daß ich mich beim Nicht-schlukken-Wollen aber doch – völlig verschluckte. Beim Husten spuckte ich den Tabakbrei über mich und den Tisch mit den ganzen Lieferscheinen bis zur Wand. Völlig verschmiert und hustend saß ich da und hörte Irma lachen.
Irgendwann bin ich aufgestanden und habe meinen Kopf unter das kalte Wasser gehalten. Ich hatte kein Geschmacksempfinden mehr auf der Zunge, aber was für ein Traum: Wasser. Immer noch hörte ich Irma lachen.
Ich bin dann zurück in den Packraum, eigentlich eher ein Durchgang im Keller, wo wir auch essen und rauchen konnten. Irma liefen die Tränen. Ab und zu kam jemand herunter. Sie begriffen nicht, aber sie wagten auch nicht zu fragen, sie verschwanden wieder. Im Grunde hatten alle Angst vor ihr. Irma schob mir ihre Tasse mit Kaffee rüber. Wir schauten uns an.

Die kleine Silberkette auf meinem nackten Körper. Langsam flechte ich mir meine Haare. Normalerweise kann mir das nicht schnell genug gehen. Am liebsten wollte ich den Mut haben, sie wieder abzuschneiden. Den Mut habe ich nur zeitweise. Meine Augen sollen noch breitgezogener sein, mit Schwarz umrandet. Nicht so wie bei Irma, ich möchte nur schmale langgezogene Augen. Und der Mund. Jeder sagt mir, ich hätte einen breiten Mund. Manchmal auch sie. An diesem

Abend gebe ich meinem Mund eine Nuance mehr rotes Auffallen. Alle sollen sehen, mein Mund hat mich noch nie gestört.
Später, als ich aufgehört habe, im alten Kaufhaus zu arbeiten, haben Irma und ich abgemacht, uns immer an derselben Stelle zu treffen: vor dem Schaufenster mit der Rückwand aus lauter Spiegeln und den Kristalleuchtern davor. Ich habe das so gewollt, weil es das Schaufenster war, das die ganzen Jahre über eigentlich nie umgestaltet wurde. Kristalleuchter, unverändert und dahinter die Spiegel. Einige von den Leuchtern brannten. Das war man so gewohnt. Nur ab und zu, wenn eine Glühbirne durchgebrannt war, aber das dauerte oft Wochen, bis jemand es bemerkte – vielleicht beim Abstauben. Ich habe beim Abstauben allerdings nie bemerkt, was ich gerade in der Hand hielt.
Gewöhnlich dauert es nicht lange, und aus den dezenten schwarzen Rändern um meine Augen werden graue Schatten. Heute treffe ich Irma, ihr ist die Schminke nie vom Gesicht gefallen.
Es ist jetzt schon lange her, seit ich sie das letzte Mal gesehen habe. Irma wollte mich treffen, an der verabredeten Stelle.
Seit Irma vor einigen Monaten aufgehört hat, im Kaufhaus zu arbeiten, weiß ich nichts mehr von ihr. Der neue Mann war es, deshalb arbeitete sie jetzt nicht mehr dort. »Mit dir hat das nichts zu tun.«
Das alte Kaufhaus ist ein historisches Gebäude von außen. Die Fassade wurde erst im Sommer restauriert. – Innen, aber wen interessiert das schon, was innen ist. Die Gesichter der Verkäuferinnen sind jung und unverbraucht. Das sind sie schon seit Jahrzehnten.
Absichtlich gehe ich etwas früher hin. Ich will nicht, daß Irma schon vor mir dort ist. Ich will auf sie warten, am Fenster entlanggehen, versuchen, mich in einem der Spiegel zu sehen. Das ist kaum möglich. Es ist schwierig, sich in den Spiegeln zu erkennen, es ist leicht, sich in den Spiegeln zu verlieren. Mein Gesicht ist zerrissen in viele kleine Flächen und jede anders beleuchtet. Wo eine gerade Linie sein sollte, ist alles un-

terbrochen, zerstückelt, aber vor allem kantig. Mein Körper ist ein Mosaik, Gesicht unkenntlich und doch gleich.
Das schmale Trottoir vor dem Kaufhaus ist aus lauter kleinen Pflastersteinen zusammengesetzt. Jeder exakt neben dem anderen. Die Steine sind so aneinandergelegt, daß sie gleichmäßig in Wellenform entlang der Häuser verlaufen.
Vereinzelt fuhren auch damals Autos an mir vorbei durch die engen Straßen der Altstadt. Teils blendeten sie auf, sobald sie mich als Frau erkannten. Es war unüblich, zu dieser Zeit auf der Straße zu stehen. Eine Frau, ich bitte Sie, wie die Kristallleuchter, die auch dieses Mal noch dieselben waren. Ich erkenne keinen Unterschied.
Das Fenster ist mit grünem Filz ausgelegt. Die Sonne hat ausgebleichte Schatten darauf hinterlassen. Meine Gesichter in den Spiegeln verblassen vor dem leuchtenden Hintergrund, auch meine blauen Augen, dunkel umrandet. Die Auslagen stehen mir gut.
Das dunkle Auto hält abrupt vor mir. Die Wagentür wird aufgerissen. Irma steigt hastig aus.
Irma. Die Tür zum Auto läßt sie offen. Sie läuft um das Auto herum auf mich zu. »Hallo, Kleine!« Aber das ist nicht mehr Irma, die da redet. Diese Frau ist ihr ähnlich. Feine ebenmäßige Züge schimmern unter der Maske hervor. Aber das ist keine Maske, das ist Irma – die Neue, in ihrem Ideal – verschwunden und das rote Kostüm aus Seide.
Ich gehe einen Schritt zurück, nicht vor. Ihre hohen Absätze schlagen auf den Pflastersteinen auf, als sie auf mich zukommt. »Warum bist du das«, frage ich in mein heißes Gesicht und merke, wie ich das Auto hasse. Das Auto und der Mann, das ist dasselbe und jetzt auch Irma, wie das Abzugbild der nackten Frau vorne auf dem Lastwagen. Eine Lacktrophäe.
»Was«, fragt Irma und sagt: »Ja, er!«
»Und jetzt, du, ohne Gesicht«, aber ich brauche es nicht laut zu sagen, es steht zwischen uns wie Glas. Das Hupen zerbricht es. Ein Scherbenhaufen.

»Ich wollte dir den Ring mit dem fehlenden Stein schenken. Er hat mir Glück gebracht, du siehst.« Sie greift nach meiner Hand und legt ihn hinein.
Erschrocken drehe ich mich um; ich verstehe nicht.
Da, für den Bruchteil einer Zeit, sehe ich sie in den vielen Spiegeln, vor denen die Kristalleuchter hängen. Das Bild von ihr, für einen Augenblick, nur den. Die Spiegel zerreißen ihr Gesicht, geben ihm viele Flächen, machen aus der Ebenmäßigkeit ein Mosaik. Für einen Augenblick erkenne ich Irma.
»Wieso willst du mir den Ring schenken«, frage ich in die Spiegel, und sie schweigt. Auch sie sieht. »Wieso willst du mir den Ring schenken?«, aber da hat sie sich schon umgedreht und läuft zum Auto.
»Halt«, schreie ich noch, als sie schon wegfährt. Ich renne ihr nach. »Halt!« – aber sie hört mich nicht mehr. An der Ecke zur Hauptstraße bleibe ich stehen. Die silberne Kette habe ich in der Hand. Im Laufen habe ich sie mir vom Hals gerissen. Es tut noch weh.
Ein paar Schritte weiter und auf dem Weg zurück lasse ich Kette und Ring aus der Hand fallen, direkt durch die Gitter des verrosteten Regenabflusses.

Gudrun Güth

Verlassenheit

Seit neuestem hängen weiße zierliche Damensandaletten im Baum, passen weder zum gegenüberliegenden Altersheim, in dem man niemals die Vorhänge ganz öffnet, noch zur wirren Anordnung der kahlen Äste. Drüben fand ich alte Pennerstiefel im Gras, schnürsenkellos, und eine Jacke, aus schwarzen Glastüren herausgeschleudert, immer noch heimlich bewacht von geifernden Hunden und zersplitterten Flaschen.
In der Nähe von Puffs wohne ich jetzt, stets lockenden Angriffen, Ansprachen und Angeboten ausgesetzt, sobald Röcke im Wind schwingen, ich mich nicht länger unter der Fellkapuze vergrabe. Nie sah ich hinter dem Auge der Pussycat Bar ein lebendes Licht. Es nützt nichts, Stunden in Regenkälte zu stehen, Fenster und Tür zu beobachten, um einmal herauszufinden, wie solche Männer beschaffen sind. Im Traum hat sich die Tür plötzlich geöffnet. Ein langer Gang, in dem niemand stand, niemand sang. Gläsergeklirr, ohne daß einer die Gläser bewegte. Taxichauffeure bringen stinkende Pommes Frites, schleichen sich schnell vorbei an lachenden Brüsten.
Im Sommer liegen zerlumpte Gestalten volltrunken im Gras, pissen ungeniert an öffentliche Sträucher, exponieren ihre verschrumpelten Glieder in Hauseingängen, onanieren manchmal auf dem Gehweg, ejakulieren braun-dreckige Flüssigkeiten. Nach dem Sperrmülltermin fliegen Kartons durch die Luft, und wieder hängen sich abgenutzte Gegenstände, auch Menschen, an Bäumen fest.
Noch weiß niemand, wer den Mann vor der Telefonzelle erstach, wer ihm den Rücken zerschnitt, die Kleider auszog. Ich beschwöre, daß ich es nicht war, auch wenn ich tief sein Gesicht in mir habe, seine bunten Pullover trage, wenn seine Narben auf meinen Körper gestempelt sind. Ich schwöre, ich war es nicht, selbst wenn ich das Todesmesser entwendete, nun die farbigen Flecken weglutsche, wenn meine Hände zu blutigen Zangen verstumpfen. Auch wenn einmal ein roter Wagen vor meiner Haustür parkte, der zwei Buchstaben wie einen Zauberwedel auf dem Nummernschild schwenkte. Wenn

ein Mann seinen Schal bei mir vergaß, weiche Tropfen in mir vergoß, seine Augen viermal entkleidete. Ich schwöre, daß ich es nicht war, die sein Auto zerstörte, seinen Schal zerriß, die Tür vor ihm verriegelte, seine Tropfen vereiste. Denn ich saß hinter der Tür, mit verklebter, kraftloser Starre im Blick, hartnäckig das Messer tief in den eigenen Bauch bohrend, während Fingerspitzen in Kreisen der Liebe auf dem Tisch seine Hände nachzeichneten.

Katharina Kranichfeld

Unerledigtes

Ich sitze mit meiner Mutter im Garten. Ich habe sie langsam die Gartentreppe hinuntergeführt, habe sie gestützt, da sie kaum noch laufen kann. Es ist ein herrlicher Sommertag, und sie erzählt mir aus meiner Kindheit. Sie sei sehr krank gewesen und Nachbarinnen hätten mich gewindelt. Als sie wieder zu Kräften gekommen sei, habe sie erst nach einer schweren Operation meine Schwester gebären können. Sie habe mich oft über Monate zu Tante Leni geben müssen, die die seltene Gabe gehabt hätte, mit Kindern gut umzugehen. Ich sei dort verwöhnt und geliebt worden. »Wenn andere dich liebten, war es nicht so schlimm, daß ich dich weggegeben habe.«

Wir verbringen den ganzen Nachmittag mit ihrem Tagebuch über meine Kindheit, aus dem sie mir vorliest. Das kleine Mädchen wird mir immer vertrauter. Ich unterbreche sie:

»Ich will das kleine Mädchen werden. Ich will dir sagen, was ich damals gefühlt habe, als du mich weggegeben hast: Ich erhebe meine Hände, flehe dich an und du stößt mich weg, du reißt meine Finger aus deinen Mantelfalten, du befreist deine Beine aus meiner Umklammerung. Ich will dich nicht loslassen, aber du hörst meine Schreie nicht, ich habe dich lieb und du stößt mich ab. Ich bin dir lästig in meiner Liebe. Ich muß die Tränen von damals weinen. Du hast mir wehgetan. Ich weinte bei unserem Abschied, und du sagtest: ›Kathrinchen, sei brav‹, und dachtest: ›Geh weg mit deinen lästigen Tränen.‹ Du lachtest bei unserem Abschied. Dein Lachen war dein Freudenfest. Und als ich nach drei Monaten von Tante Leni zurückkam, war meine Schwester auf der Welt. Einen Ersatz für mich hast du dir geholt! ... Habe ich mich über meine Schwester gefreut?« frage ich meine Mutter.
»Vielleicht hast du dich verstellt«, antwortet sie, und nachdem sie mir das Geburtsgewicht meiner Schwester vorgelesen hat, fügt sie hinzu: »Du warst immer schon etwas fetter.«
Sie schweigt eine Weile und erinnert sich: »Bei dem Lied ›Ein

Männlein steht im Walde, ganz still und stumm‹ hast du still geweint, weil das Männlein so allein ist ... Du siehst, mit was für einer Geborgenheit ihr umgeben worden seid. Sonst hätte ich es nicht für euch aufgeschrieben.«
»Ich will nie mehr diese Verlassenheit spüren! Verstehst du jetzt, warum ich mit Johann zusammenlebe? Er wird mich nie verlassen.«

Es ist Nacht. Ich renne mit meinem Bettzeug durch menschenleere Straßen. Die Lichter in den Häusern sind erloschen. Am Ende einer Häuserschlucht steht ein Mann. Er hält die Arme weit, so, wie es mein Vater früher gemacht hat. Ich renne auf ihn zu; er umschließt meinen Körper und spielt mit mir Karussell. Ich rieche den männlichen Geruch seines Nachthemds und fühle mich selig, als er sanft über mein Haar streicht. Ich spüre seinen Körper dicht an mir und weiß, daß es Johanns ist.

»Ich sollte dir von deinen Krankheiten nicht so viel vorlesen«, sagt sie, und ich fühle meinen Körper von dem hohen Fieber heiß werden, das ich bekam, wenn ich abgeschoben wurde: »Du hältst dir die Ohren zu bei meinem Hilfeschrei, ich hätte sterben können! Mein kleiner, glühender Körper zitterte, du kommst nicht. Dies ist die Wunde, die nie heilt. Ich muß weinen. Jetzt brechen die Tränen wieder heraus.«
Während ich weine, wächst in mir ein Kloß, der immer größer wird. »Johann pflegt mich, wenn ich krank bin. Er sagt nicht wie du: ›Nimm dich zusammen!‹ Er spricht mit mir über meine Angst, wenn ich vor meinem Praktikum ins Fieber flüchte. Er sagt: ›Ich werde dich pflegen, wenn du lange krank bist.‹«
Sie erzählt, sie hätte mich für zwei Nächte mit meinem Weidenkorb in das Badezimmer gestellt, damit sie mein Brüllen nicht hören müsse. Danach hätte ich es eingestellt.
»Soll ich dir sagen, was du mir gesagt hast? ›Du hast kein Recht, nach meiner Liebe zu schreien‹, das hast du mir gesagt,

während ich dich meine Schwester umarmen sah. Ich wußte nicht mehr, wie ich dich auf mich aufmerksam machen konnte. Ich will jemand, der immer für mich da ist! Johann ist da, wenn ich ihn brauche. Er muß das gutmachen, was du mir nicht gegeben hast.«
Meine Mutter liest mir vor, sie habe mich geschlagen: »Warum lese ich dir das vor?« fragt sie, und als ich ihr Entsetzen sehe, ist sie mir so nah wie nie zuvor. Ich fühle ihre Schuldgefühle und ihre Wut auf mich, die sie im Schreiben damals ablud.
»Ich bin froh, daß du es für mich aufgeschrieben hast. Was für Gefühle hattest du dabei?« frage ich sie.
»Gar keine. Du hast die Strafe verdient. Ich habe immer nach rechtem Glauben und Gewissen gehandelt. Vielleicht hat es mir nachher leid getan ... Ich weiß noch, danach habe ich dich auf den Arm genommen, bin mit dir an das Fenster gegangen und habe dich getröstet. Aber immer dieses Theater.«
»Es ist gut, daß du deine Wut aufgeschrieben hast«, sage ich zu ihr.
»Es war auch Liebe dabei.«
»Wie war es für dich, wenn ich dir widersprochen habe?«
Meine Mutter zieht die Schultern hoch: »Weiß ich nicht. Man war es von dir gewöhnt.«

Bei dieser Antwort spüre ich den Kloß riesengroß in mir anschwellen und auf meine Brust drücken: »Du hast dir für mich eine Strafe ausgedacht, eine unmenschlichere hättest du in deinem Gehirn nicht finden können. Du hast mir gesagt: ›Du existierst nicht! Du bist ein Nichts! Du bist nicht wert, von mir beachtet zu werden.‹ Du hast mein *Ich* zerstört. Das ist das Schlimmste, was du mir angetan hast. Du hast nicht gesagt: ›Kathrinchen, du hast in deiner Ansicht über dich unrecht.‹ Du hast mich unbeachtet liegenlassen. Aber dann hast du mir einen Spiegel vorgehalten und gesagt: ›Schau, du kannst stolz auf dich sein, was du alles kannst.‹ Und ich habe in das Spiegelglas gestarrt und dein schallendes Gelächter über

meine Verzweiflung gehört, wenn ich mich nicht in ihm finden konnte. Johann hält mir einen Spiegel vor, in dem ich mein *Ich* wachsen sehe. Er spricht mit mir über meine Bilder, die ich male. Er sagt nicht: ›Kannst du nicht aufhören mit deinen pornographischen Vogelfrauen. Male lieber Blumen.‹ Er spricht mit mir über das Buch meiner Vogelfrau, das ich schreibe. Er sagt nicht: ›Kannst du nicht etwas Positiveres machen? Du kommst in Verruf!‹ Er fragt nicht: ›Hast du deine Tagebücher endlich verbrannt?‹«
»Der arme Mann, der mit dir zusammenleben muß«, sagt meine Mutter, »wie hält das Johann mit dir aus?«
»Du wunderst dich, daß er mich noch nicht verlassen hat! Ich will dir sagen, was ich für ihn mache: Ich sitze mit ihm in der Badewanne. Er liegt auf dem Rücken, und ich streichle ihn sanft zwischen seinen Beinen. Es fühlt sich zart an, und aus seinem weichen Flaum wachsen winzige Bartstoppeln. Ich sehe das Lächeln meines Lebensgefährten, der in der jahrzehntelangen Erfolglosigkeit im Umgang mit Frauen dankbar für meine Liebe und Zuwendung geworden ist. Ich will seine Sexualtherapeutin sein. Er muß mir dafür erlauben, daß ich die Kraft, die ich ihm gebe, bei einem anderen Mann holen gehe.«
»Kannst du nicht endlich bei einem Mann bleiben?«
»Ich erzähle dir von ihm und Tom, damit du begreifst, was sie mit dir zu tun haben!«
Ich zeige meiner Mutter ein Foto von Tom: »Du staunst wohl, daß deine schlampige Tochter von so einem gepflegten Architekten begehrt wird? Das ist mein Reiz-Mann: seine mystisch-blauen Augen, seine depressiven, schmalen Lippen, seine schwarzen, kurzen Haare, seine engen Jeans, die es abdrücken. Sein Seidenhemd unter der schwarzen, engen Lederjacke. Sieht aus wie Andreas Baader. Nach seinem Körper bin ich wie verrückt. Mit meinen beiden Händen kann ich um seine schmalen Hüften greifen. Er ist mein Spiegel, der mir sagt, daß mein Körper begehrenswert ist!«
»Er will nur seinen Dreck in dich hineinstecken!«

»Es macht mir Lust!«
»Was sagt Johann dazu?«
»Er hat auch Freundinnen!«
»Lies mir vor, was du über meinen Körper gesagt hast!« fordere ich sie auf. Ich sei ein rotbackiges, dickes, freundliches Kind gewesen, über das sich alle gefreut hätten. Ich hätte sehr süß ausgesehen damals mit dem großen Kopfverband.
»Du lügst, ich weiß noch genau, wie du mir gesagt hast: ›Schau in den Spiegel. Das bist du: ein dickes, pummeliges Kind mit einem kurzen Hals, mit einem dicken, breiten Kopf, der auf den Schultern angewachsen ist, untersetzter Rumpf, dicker Po, kurze, kleine Beine.‹ Du hast über meinen dicken Kopfverband gelacht und dabei gedacht: Die kleinen Pummelbeine können den Kopf nicht tragen. Es hat mir wehgetan, wenn du mit meiner Schwester über mich gelacht hast. Ihr beide mit euren schlanken Körpern! Wie ich euch beneide! ›Kathrin ist verfressen‹, hat meine Schwester gesagt und du: ›Ihr dicker Körper braucht viel zu fressen.‹«
»Aber du bist auch mit viel Liebe umgeben worden.«
»Sei ruhig! Ich kann das Märchen über die Geborgenheit nicht mehr hören! Und das, was du mir über meinen Körper gesagt hast, sitzt noch tief bei mir drin.«

Eine kühle Septemberdämmerung. Ich will zum Grunewaldsee fahren, mein Abschiedsbad für dieses Jahr. Bevor ich die Straße zwischen den Häusern und dem Wald überquere, warte ich das mir entgegenkommende Auto ab. Es fährt auf mich zu, bis es vor mir zum Stehen kommt. Ich erschrecke: es ist unser Auto, hinter dem Steuer Johann und auf dem Beifahrersitz, dort, wo ich sonst sitze, Sylvia, meine Rivalin, mit der Johann seit einem Monat befreundet ist.
›Alle Achtung, Johann‹, denke ich: sie sieht hübsch aus mit ihrem schlanken, schmalen Gesicht, mit den braunen, selbstsicheren Augen und ihrem schlanken, großen Körper, lange Beine, nicht so untersetzt wie ich. Ich werde das pummelige, kleine Mädchen mit meinen Fetthaaren, dem Kopftuch, dem

Skianorak und meinem weiten gekräuselten Rock, der mich noch dicker macht.

»Siehst du, was du angerichtet hast. Immer noch, wenn ich einer großen, schlanken Frau begegne, werde ich das kleine, dicke Kind. Jetzt, wo Johann mich durch Sylvia ersetzen will, höre ich deine schrille Stimme, die sagt, ich sei ein Nichts!«

Ich will die Erde verlassen und werde die Vogelfrau, die der untergehenden Sonne entgegenfliegt. Mein Leib gleicht dem eines runden, weichen Frauenkörpers, aber mein Kopf ist der eines Vogels. Meine Flügel sind aus zarter Federnhaut und haben eine große Spannweite. Meine Fingerkuppen streicheln meine weichen Brüste, bis ich auf Hartes stoße: rund um meine Brüste schieben sich Eisenringe durch die Haut; langsam wachsen Eisenplatten, runde, metallene Scheiben überformen meine Brüste. Und da, wo ihre Mitte ist, ragt ein scharfer, spitzer Kegel. Ich erschrecke: die Metallhaut schiebt sich langsam über meinen Körper vor. Da, wo die warme Feuchte zwischen meinen Beinen war, greife ich auf marmorschwarze Panzerhaut.

An meinem Hals spüre ich nackte Knorpelringe, und als ich zwischen sie fahre, fliegt ein Schwarm dieser schwarzen, dikken Fliegen heraus, die in der Tiefe zwischen Aderngeflecht gesessen haben müssen. Reste von versenkten Federn auf meinem kahlen Vogelkopf, inmitten der malvenfarbigen Tönung der freigelegten Knochen.

Im aufgedunsenen Gesicht den offenen Schnabel, schwarz von Fliegen und mit sehr weißen Zähnen.

Ich rieche Leichengeruch, als ob er von meinem Körper käme.

Die Sonne ist fast untergegangen. Ein engumschlungenes Liebespaar fliegt dicht an mir vorbei und flammt in seinem eigenen Licht auf. ER *ist es.* ER *ist zum Greifen nah. Ich will seinen Fuß erfassen, ihn zu mir zurückziehen, ihn an meinen*

Körper drücken, ihn fest umklammern. »Schneller«, feuere ich mich an, »ich habe Kraft in meinen Flügeln! Ich habe Kraft in meinen Beinen! Ich habe Kraft in meinen Armen!« Ich fliege immer schneller, und dicht vor ihm erlahmt meine Kraft. Meine Flügel sinken kraftlos herab, meine Menschenbeine baumeln zur Schwerkraft hin.
Und sie fliegen in ihrer Liebe dahin, bis sie zu einem winzigen Punkt am Abendhimmel werden.

»Das verstehe ich nicht«, sagt meine Mutter, »du hast über Jahre deinen Architekten, und wenn Johann das gleiche macht, drehst du durch.«
»Jetzt will ich dir mal meinen Auftritt im ›Slumberland‹ vorführen, die Kneipe am Winterfeldtplatz, ja genau dort, wo die Straßenschlachten toben, dort, wo brennende Autos den Teer zerfließen lassen, dort, wo die Bullen den Hausbesetzern keine Ruhe geben. Dort lebt deine Tochter nachts mit schwarzgemalten Lippen auf, wenn sie sich einen neuen Spiegel sucht.«

Es war voll an jenem Abend: Barhocker, die Tische und Fensterbänke waren besetzt. Alle standen dicht zusammen: die blonden Haare mit den rosa Haarsträhnen, die schrillen, rechteckigen Plastikbrillen mit den Pantherfellen ... Neben mir ein Typ mit Pferdeschwanz, barfuß mit Schnürsandalen, in denen ich im Oktoberwetter frieren würde. Als ich ihn nach seinen Schnittwunden im Gesicht fragte, schob er sein leichtes, blaues T-Shirt hoch, zeigte mit dem Finger auf seinen Bauchnabel und sagte: »Das ist meine größte Wunde!«
Johann kam. Am nächsten Tag wollte er mit Sylvia für vier Tage in die Lüneburger Heide fahren. Mein Kopf sagte: »Es ist sein Recht«, mein Bauch sagte: »Er wird mich verlassen.« Entfremdung zwischen uns. Ein Pfahl in meinem Herzen. Ich haßte ihn. Er ist mein FEIND *geworden.*
Ich vergaß die Leute dicht um uns: »Ich will dich verlassen, eh du mich verläßt! Du bist nicht der erste Mann, den ich

verlassen habe.« Ich schrie aus Leibeskräften, mein Inneres brodelte und zischte aus mir heraus. Sein Gesicht versteinerte unter meinen Schlägen. Er legte den Arm um mich und schob mich durch den Vorhang der Eingangstür ins Freie.
Ich hatte damit die Grenze unserer gegenseitigen Sanftmut überschritten. »Sei lieb zu ihm, sonst wird er dich verlassen«, hörte ich die Stimme meiner Mutter.
»Ich werde unsere Beziehung zertrampeln, ehe du mir zuvorkommst! Präventivschlag!«

»Ich fühle mich stark in meiner Wut. Ich brauche dich nicht mehr. Ich brauche IHN nicht mehr! Ich brauche keinen mehr.«

Ich werde die Vogelfrau, die ihre Männer aussortiert, wenn sie verletzend oder lästig geworden sind. Ich sortiere sie aus, ohne mein Herzblut an sie zu verschwenden. Den einen für immer – in den Müllschlucker – zermalmen. Den anderen ins Eisfach – verfügbar –, wenn ICH *es will.*
Meine Gefühle sind aus dem Gehirn herausgebrannt.
Die Last, mir einen Mann holen zu müssen, um nicht an Einsamkeit zu sterben, ist von mir abgefallen.

»Ich schaute gestern Kinderfotos von dir an«, sagte meine Mutter, »was warst du für ein süßes Kind. Was warst du doch für eine dumme Kuh, daß du nicht geglaubt hast, daß du hübsch bist. Ich habe dir immer gesagt, daß du viel kannst.«

Wenn Tom zu mir sagt: »Du siehst aus wie eine Preßwurst«, dann frage ich mich: Wie kann ich mein Ich und meinen Körper fühlen, wenn er so abfällig von ihm spricht? Oder sage die Worte meiner Mutter nach: »Ich habe einen Körper wie eine Preßwurst.« Tom ist mein Test, ob ich zu meinem Körper stehen kann. Wenn er sagt:» Du gehst wacklig mit deinen kleinen, zielstrebigen Beinchen! Wie kommst du aufgebockt daher!« Er meint meine 10 cm hohen Stiefel, die mich größer machen sollen.

Wenn mein Vater sagt: »Zieh lange Röcke an, damit man dein Fahrgestell nicht sieht!« Wenn er mir mein Wiegenlied vorsingt: »Ja, ja, ja, Schnukeli ist da; liebe, kleine Schnullerin, süße, kleine Pullerin; ja, ja, ja, die Mutti ist schon da.« Wenn meine Schwester sagt: »Du mußt weite Blusen über deinem dicken Po tragen.«

Bei ihren Worten werde ich so wütend, daß ich auf sie stürze und mit aller Kraft den Spiegel, den sie mir vorgehalten hat, auf sie niederschlage. Es quillt aus mir heraus: »Du hast ja immer deine eigene Unscheinbarkeit auf mich abgewälzt! Du selbst kamst dir ja neben deiner Schwester klein und häßlich vor. Ich mache dir die Wunden, die du mir geschlagen hast. Ich will dir diesen Spiegel zurückgeben. Ich will nie mehr hineinsehen. Du hast mich benutzt, damit du stark werden konntest. Du hast deine Schwäche auf mich abgeladen. Ich habe dich bewundert. Ich will so mächtig sein wie du. Das ist unsere Gemeinsamkeit. Was ist denn aus der starken Frau geworden, die du angeblich vor deiner Heirat warst? So toll, daß dir im Heim alle die Seidenstrümpfe stopfen wollten? Es tut mir gut, die Wut rauszulassen. Du glaubst gar nicht, wie mich dieses Stärke-Schwäche-Spiel anmacht. Ich will diesen Kampf gewinnen, den ich mit dir verloren habe. Ich will nie mehr unterlegen sein.«
Ich sehe ihr blutendes Gesicht mit den Splittern in den Wunden und ihren Schoß voll Scherben. Ich setze mich ihr gegenüber auf den Gartenstuhl. Unsere Füße berühren sich zwischen den Gräsern.
»Verzeih mir. Ich mußte die unerledigten Geschäfte mit dir bereinigen, damit ich in Frieden mit dir und mir stehe.«
»Kathrin, zieh mir ein frisches Nachthemd an«, bittet meine Mutter. Ich trage sie die Gartentreppe hoch, wasche sie und hole ein frisches Nachthemd aus ihrem Wäscheschrank, in den sie zwischen die Wäsche Lavendelseife gelegt hat. Ich lege sie sanft in ihr Bett: »Ich wecke dich um drei zum Kaffeetrinken.«

Danach gehe ich hinunter in den Garten, suche alle Splitter zwischen den Gräsern, den Gänseblümchen und Vergißmeinnicht und denke an meinen VATER, den ich VERSCHONT habe . . .

Natalija Voroneckas

Der Mann mit den zwei Frauen

Nicht so einfach, das Leben eines Mannes mit zwei Frauen, besonders, wenn die eine vor der anderen geheimgehalten werden muß, weil eine von beiden Frauen meist die Ehefrau oder langjährig Liierte ist. Sie werden kaum glauben, welche Schwierigkeiten dabei auftreten! Zum Beispiel das Vorhandensein eines Kondoms im Auto, wenn die Ehefrau eine sichere und langfristige Verhütungsmethode anwendet, oder ein gutes Versteck für die liebevollen Geschenke der Zweitfreundin zu finden. Handelt es sich dabei nicht gerade um deutlich von einer anderen Frau zu erkennende Geschenke, können Sie sie getrost auch Ihrer Ehefrau weiterschenken. Womit Sie natürlich zwei Fliegen mit einer Klappe schlagen – Ihre Frau freut sich über Ihre Aufmerksamkeit, Sie haben stets eine Erinnerung an Ihren kleinen Schatz vor Augen, die nicht auffällt.
Tja, und auch um gute Ausreden nie verlegen zu sein, wenn eventuell die Hose nach vollzogenem Beischlaf nicht perfekt wieder angezogen wurde.
Eine Gefahr stellt auch das Essen dar, wenn Sie zum Beispiel die kleine Freundin ins Restaurant führen, während zu Hause noch das liebevoll zubereitete Kalbsfilet Ihrer Frau auf Sie wartet, was zwangsläufig Pfunde nach sich zieht, die Sie wiederum erklären müssen. Am besten sind übrigens immer größere, elegantere Restaurants für Sie und Ihre Freundin, in denen es diskret und unpersönlich zugeht. Sie könnten sonst in brenzlige Situationen geraten.
Möchten Sie mal für eine ganze Nacht mit der Nebenfrau wegbleiben, ist es ratsam, sich entweder in große Hotels oder aber in kleine, verschwiegene Gasthäuser einzumieten.
Der Vorsichtige läßt seine Adresse und Telefonnummer für die Nebenfrau am besten ein Tabu sein. Wichtig ist außerdem, stets eine plausible Erklärung für Bekannte, die Sie ja doch mal zufällig mit der Kleinen treffen könnten, parat zu haben, falls es sich bei diesen Leuten nicht um Gleichgesinnte oder Verbündete handelt. Daß sie eine mitgenommene Tramperin ist, bietet sich hier als gute Antwort an.

Überaus praktisch ist es, wenn Sie einen Freund in ähnlicher Lage haben. Sie können sich beide hervorragend als Alibi ausgeben und Zeiten miteinander verabreden, zu denen Sie dann für ihre Frauen zusammen Bier trinken, in Wirklichkeit aber . . .
Es empfiehlt sich außerdem ernsthaft, die gleichen Kosenamen für beide Frauen zu verwenden zwecks Vermeidung von peinlichen Rückfragen, wenn Sie mal etwas verwechseln sollten.
Zwar nicht immer möglich, jedoch besonders von Vorteil ist es, wenn beide die gleiche Haarfarbe haben, damit das manchmal auf dem Anzug auftretende Haar nicht die Aufmerksamkeit der Gattin erregt.
Restaurantrechnungen wirft man am besten gleich weg, um keine Unklarheiten aufkommen zu lassen.
Auf Geschäftsreisen, bei denen man die Kleine mitnimmt, ist es selbstverständlich, daß man die Angaben über die Begleiterin auf dem Meldeschein einfach wegläßt.
Nach ausgeführtem Beischlaf sollte man nicht vergessen, sich zu kämmen und die Kleidung in Ordnung zu bringen, falls man noch nach Hause fahren muß.
Sollte man es doch mal versäumen, sich wieder ordentlich herzurichten, ist die beste Methode immer noch, einfach die Wahrheit zu sagen. Denn merke: die Wahrheit klingt oft so dermaßen unwahrscheinlich, daß sogar die eigene Frau nicht mißtrauisch wird. So ist es durchaus angebracht, auf lästige Fragen von der Art »Wo warst du bloß so lange!?« einfach zu antworten: »Na, bei meiner Freundin, das weißt du doch. Jeden Abend bin ich bei ihr!«
Um kein Mißtrauen entstehen zu lassen, empfiehlt es sich, nach Möglichkeit weder in der Produktivität im Beruf noch in der sexuellen Aktivität hinsichtlich der eigenen Frau nachzulassen. Wie jedoch beobachtet wurde, spielt sich dieser Rhythmus mit der Zeit ganz von selbst ein, in dem man(n) allen und jedem gerecht zu werden versteht.
Nach all diesen Äußerlichkeiten wollen wir uns noch etwas

mit dem Innenleben des Mannes mit zwei ihn liebenden Frauen befassen. Am besten sortiert er aus und trennt scharf, ohne irgendwelche Vergleiche anzustellen. Dieses System hat sich als das beste erwiesen. Man(n) teilt sich alles auf und ein. Sorgfältige Aufspaltung ist von großer Bedeutung, um lästige und störende Gefühlsaufwallungen abzustellen, wie etwa das Denken an die eine, während man gerade mit der anderen im Bett liegt.

Wichtig wäre hierbei auch noch, sich durch keinerlei Erpressungsversuche der heimlichen Freundin beeindrucken zu lassen. Denn die Freundin wird ja versuchen, den Mißstand, daß Sie noch eine Frau haben, zu beenden. Aber gerade das Geheimnis vor Ihrer Frau macht ja die Kleine so reizvoll. Andererseits genießt Ihre Freundin es möglicherweise, von den für Sie anfallenden Arbeiten wie Kochen und Hemdenbügeln verschont zu bleiben.

Beliebt ist hier bei den Frauen das Stellen eines Ultimatums oder ein Erpressungsversuch, indem sie sich ebenfalls einen Zweitfreund zulegt.

In solchen Situationen muß man ruhig Blut und kühlen Kopf bewahren und zeigen, nötigenfalls durch äußerste Konsequenz, daß derartige Geschichten überhaupt nicht beeindrucken können.

Ein großer Fauxpas wäre übrigens auch das Unterfangen, beide Frauen voreinander geheimhalten zu wollen. Damit würden Sie sich langsam, aber sicher die Nerven zerrütten. Besser, leichter und auch sicherer und angenehmer ist es in jedem Fall, bei einer mit offenen Karten zu spielen.

Schließlich und zuletzt sollte man(n) im allgemeinen Frauen immer mit Vorsicht begegnen, da sie zu Intrigen fähig sind, die Sie gar nicht abschätzen können, und sie wegen ihres losen Mundwerks lieber zuwenig als zuviel wissen zu lassen.

Anna Rheinsberg

Ein Eimer kalt Wasser

Von Anna Rheinsberg erschienen im Verlag Michael Kellner, Hamburg
Bella Donna, Gedichte (1981)
Hannah, Liebesgeschichten (1982)
und 1983 im Medea Frauenverlag, Frankfurt
Alles Trutschen! Erzählungen über Mädchen

Wir sitzen im Café, sie und ich. Wir trinken Pernod. Mit uns sitzt wieder das Loch in ihrem Magen, frißt sich durch die Schleimhäute, schickt Salz aus und winzige Pfeile. Die bohren sich ihr unter die Haut, auch ins Gesicht, ja, gerade ins Gesicht: ihre rechte Wangenhälfte zuckt vor Schmerz und Wut. Das Zucken geschieht unkontrolliert, ist nicht beabsichtigt, nicht gewollt oder gar gewünscht. Es kommt eher wie ein kleines Tier mit scharfen Zähnen, schnappt in sie, ehe sie's bemerkt.
ER BETRÜGT MICH GEHT AUF UND DAVON LIEGT MIT EINER FREMDEN FRAU IM BETT JETZT IN DIESER MINUTE ...
Ihre Atemnot! Diese schreckliche Atemnot: keine Luft mehr! Und dann raucht sie hastig, raucht unentwegt, zündet eine Zigarette an der nächsten an. Ist aber sonst kühl. Lacht auch ihr freundlich herbes, ewig spöttisches Lachen. Lacht und spricht mit mir, wie sie oft zu mir spricht, albert und kichert und hält die Beine wie ein Mann, ungezwungen breit.
Nur keine Blöße! sagt sie mir. Das wäre ja noch schöner! Da könnte ja JEDER kommen, sagt sie. Und der?! Bah, das lohnt doch nicht. Sag selbst: lohnt sich das etwa?! Für so einen?!
Ich sehe ihr in die Augen. Schaue gerade hinein in ihr Gesicht. Siehst du es mir an? fragt sie. Sieht man es denn, das verdammte Zucken?! Sag schon, schnell, kann einer, der mich nicht kennt, wissen, was mit mir ist?
Nein, sage ich. Nein. Bestimmt nicht.
Aber das Loch in ihrem Magen wird größer, wird groß wie eine Suppenschüssel. Und das Brennen schießt ihr durch die Kehle. Ich kann es direkt schmecken, sagt sie. Gallebitter. Sagt: Ich habe eine entsetzliche Phantasie. Ich bring sie um! Alle beide.
Wie? frage ich. Wie bringst du sie um?
Ach ... wehrt sie da ab, als schäme sie sich. Weiß ich ... weiß ich nicht ... willst du es wirklich wissen?
Ich zögere. Nicht unbedingt, sage ich. Aber wenn es dir danach besser geht, erzähl es mir. Komm: erzähl. Ich helf' dir bei deinem Schlachtplan, ich bin nicht zimperlich. Nur ran

ans Vieh! sage ich und falle mir gleich darauf selbst ins Wort. Doch ändern tust du nichts, wenn du sie und ihn ... Und überhaupt! Was wäre denn damit zu erreichen, eh? Außer, daß du anschließend die Schweinerei auf dem Teppich hast und noch für seine Beerdigung aufkommen mußt. Die kostet dich eine Stange Geld, und bei dir ist ja nie ein Pfennig in der Tasche! Darum bei der Bank extra einen Kleinkredit aufzunehmen, na weißt du ...

Sie zwinkert mir zu. Ich bestelle ihr und mir einen neuen Pernod. Komm, sage ich, laß uns trinken und laß uns über etwas anderes reden. Ich bringe dich auch nach Hause. Und wenn du nicht bei dir schlafen willst, kannst du mit zu mir kommen!

Sie zieht die Augenbraue hoch, mustert mich kühl; schüttelt fein ironisch den Kopf. Gerade DU! sagt sie.

Ja, ich! sage ich und schlage energisch mit der Hand auf den Thekenrand. Wir fangen beide gleichzeitig unverhohlen laut zu lachen an.

Wunschwilde Phantasie. Bei uns liegt das in der Familie, daß die Frauen von ihren Männern betrogen werden, behauptet ihre Mutter stets, wenn sie ihr vorjammert. Kind, denk an mich. Denk an Großmutter. Da war das ja gang und gäbe, Mensch! Das ist eben so in der ihrer Natur. Da können die nichts für. Reinste Notdurft, sagt ihre Mutter und reibt sich die Hände.

Ja, bei ihr in der Familie waren die Eifersuchtstragödien an der Tagesordnung. Doch nicht nur die jeweiligen Liebhaber oder Ehemänner (sprich Großvater, Vater, Onkel etc.) galt es in die Mangel zu nehmen. Auch untereinander balgten sich diese drei Frauen um die Gunst der anderen, bis die Fetzen flogen.

Eifersucht war täglich Brot. Besser noch: Eifersucht war die Butter aufs Brot. Wunderschöne Melodramen spielten sich ab, jede verdächtigte jede in ihrem Großmutter-Mutter-Kombinat. Erst ging es um den Großvater (da war sie noch nicht auf der Welt), und als der ihre Großmutter und Mutter verließ, kam ihr Vater an die Reihe.

Der Vater hatte es ewig mit allen möglichen Frauen, derer er habhaft werden konnte (so versicherten sie ihr einstimmig): »Und da stell dir vor, mein Kleines: ich komme früher vom Amt zurück, als vorgesehen. Will ins Schlafzimmer, mich umziehen, denn ich hab an dem Abend noch was mit Ursel vor, weißt du (Zungenschnalzen). Trete ins Haus, müde von der Arbeit, da steht schon Mutter oben am letzten Treppenabsatz, hat einen Finger an den Lippen, macht Pssst! und deutet Richtung Schlafzimmer. Ist natürlich abgeschlossen von innen. Was soll das denn! denke ich. Und rüttele wild an der Klinke. Hör ich von drinnen ein heftiges Atmen und einen kleinen Schrei!

Was ist? rufe ich. Warum hast du die Tür abgeschlossen, Liebling?! Ist dir nicht gut?

Derweil kommt Mutter geräuschlos auf Zehenspitzen die Treppe hinunter, legt ihr Ohr an die Tür, nickt mir zu. Ach! stöhnt er. Mir geht's ja sooo schlecht. Ich hab mich hingelegt. 's hat sich alles gedreht vorhin vor meinen Augen (mir bricht's Herz!). Bin nur noch ins Bett gewankt. Und gleich umgefallen. Muß wohl versehentlich dabei die Tür abgeschlossen haben ...

So, sage ich. Mutter stemmt ihre Hände in die Hüften. Der Braten stinkt doch, flüstert sie mir zu. Ich riech's bis hierher. So, sage ich wieder. Na, nun bin ich ja da, kannst also beruhigt aufmachen.

Nein! antwortet er nervös (und zischt beunruhigt, als wolle er jemanden neben sich zur Räson bringen ...). Ach, laß mir noch ein Stündchen, dann steh ich auf. Wolltest du nicht gleich nach der Arbeit zu Ursel rüber?

Ja, rufe ich. Aber vorher will ich dir noch Aufwiedersehen sagen! Und ich rüttele wie eine Blöde an der Tür, nun schon auf 180! Mutter macht mir Zeichen, schlüpft durch den Keller, stellt sich draußen vors Fenster (war ja alles parterre, nicht), hat einen nassen Spüllappen in den Händen. Und, was glaubst du: da zieht er doch die Gardine zurück, ratsch! hüpft die doch raus, hat den Mantel gerad' so über dem Arm ... und genau meiner Mutter entgegen. Na, und die nicht faul, schlägt ihr den dreckigen Lappen ins Gesicht. Und ich, Kleines, ich, na!«

Solch Theater im Haus war die Regel. Hinter allem und jedem wurde BETRUG, BESCHISS oder gemeine LÜGEREI, saugemeine LÜGEREI gewittert. Und nicht nur ihren Vater, den Weiberhelden, traf die Wut der Frauen. Auch gegenseitig spielten sich Großmutter, Mutter und meiner Madame Komödien vor, unterstellten sich mangelnde Liebe, Mauschelei, Neid und Intrige.
Es war immer der Teufel los. Ihr Vater drehte den Gashahn auf (wohlgemerkt bei einem Spalt breit geöffneter Klappe!). Ihre Großmutter rannte mit einem Strick um den Hals in den Wald. Vergaß aber nicht, vorher allen anderen Familienmitgliedern samt Untermietern und Geliebtem (ihrer Tochter) anzukündigen, DIESMAL ist es mir ernst! Lebt wohl! Worauf die zurückgelassene Bagage hinterherflitzte und mit Kind und Nachbarinnen den Wald durchkämmte. Ihre Mutter schrie und tobte. Zerschmiß Geschirr und durchwühlte geheime Schreibtischschubladen ihres Mannes, um ihm (nach gefundenem Beweis) triumphierend seine Liebesbriefe vor der Nase herumzuschwenken und eine wilde Hetzjagd um den Tisch zu veranstalten.
Sie krachten und bekriegten sich. Weinten, schimpften, drohten, legten dazwischen Ruhepausen ein, fielen einander in die Arme und über die Betten, lachten und gingen zur zweiten Runde über.
Ihre Mutter und Großmutter hielten es miteinander ebenso. Wollte die Mutter mit Ursel, Käthi oder Ingeborg ohne Großmutter allein ins Kino, gab es Mord und Brand. Großmutter hob den Finger zum Schwur und HATTE KEINE TOCHTER MEHR!
Saß aber die Großmutter mit dem Mann der Mutter plau-

dernd und heftig debattierend bis spät in die Nacht bei Sherry und Zigaretten, während ihre Mutter colasaufend, nebst Wadenwickel, über der Buchführung hockte, heulte sie, weil sie nicht dabei sein durfte.
Die Eifersucht in ihrer Familie war Sucht nach allem Möglichen und Unmöglichen, von dem die eine meinte, die andere hätte es just in der Minute, in der sie selbst es GERN GEHABT HÄTTE! Eifersucht war immer genau das, was eine haben wollte und nicht kriegen konnte (oder wollte!), obwohl sie es sich vielleicht EINFACH HÄTTE NEHMEN SOLLEN.
Eifersucht war, sich etwas zu versagen, um dann der eigenen Blödheit wegen zu schmollen oder wehzuklagen: WARUM KOMMT KEINER?! HILFT KEINER?! ALLE HABEN MICH VERLASSEN!
Eifersucht war Not und Jammer. Und alle litten sie gern und ausgiebig.

Eifersucht bei ihr: das sind exakt zehn Liegestütze! Das sind ihre Zähne in einem Stück Holz, die hineinschlagen, hineinbeißen, zubeißen. Das ist ihr Kratzen, ihr unmotiviertes Kratzen, mit dem sie sich die Haut malträtiert. Oder aber sie rennt zu L., verbirgt dort den Kopf zwischen sein schwarzes Haar. Umgekehrt: dreifacher Fluch über L. (wenn es ihn wieder erwischt hat!).
Eifersucht ist ein Film. In dem Film kommt sie als Rachegöttin mit wehendem Haar ins Zimmer gefegt, hält einen Eimer eiskaltes Wasser in den Händen, gießt ihn mit Schwung über die zwei! Liegen da im Lotterbett! Ist noch dazu IHR eigenes Lotterbett. Rums!, gurgelt die Flutwelle das freche Pack durch den Abfluß. Schluß. Aus.
Warum? Ihre Mutter tat's so. Tat's mit Zambo, dem braunweiß gefleckten Dalmatiner, der sprang auf die Boxerhündin gerade dann, wenn man ihnen nichtsahnend den Rücken kehrte. Dem soll der Spaß vergehen! rief ihre Mutter. Und die Großmutter lachte dazu. Sie amüsierten sich königlich.
Das imponierte ihr. Sie liebte es, wenn die zwei Frauen lach-

ten. Später nämlich heiratete ihre Mutter einen anderen Mann, der nahm sie und Großmutter mit sich. Er gab ihnen ein neues Zuhause, war treu wie Gold.
Da war's dann vorbei mit den schrillen Komödien. Langeweile stand fortan auf dem Programm. Und die ist bekanntlich tödlicher als jede Sucht. Sagt sie.

Inhalt